大湾区视野下的珠三角企业创新报告

南方日报社·南方经济智库、南方城市智库
华南理工大学工商管理学院
建行大学大湾区金融创新学院、中国建设银行科技金融创新中心

主编◎郑佳欣　朱桂龙　黄建伟　王　越

南方日报出版社
NANFANG DAILY PRESS
中国·广州

图书在版编目（CIP）数据

大湾区视野下的珠三角企业创新报告 / 郑佳欣等主编. — 广州 : 南方日报出版社, 2019.7
ISBN 978-7-5491-2030-7

Ⅰ. ①大… Ⅱ. ①郑… Ⅲ. ①珠江三角洲—企业创新—研究 Ⅳ. ①F279.276.5

中国版本图书馆 CIP 数据核字（2019）第 147578 号

DAWANQU SHIYEXIA DE ZHUSANJIAO QIYE CHUANGXIN BAOGAO
大湾区视野下的珠三角企业创新报告

主　　编：郑佳欣　朱桂龙　黄建伟　王　越
出版发行：南方日报出版社
地　　址：广州市广州大道中 289 号
出 版 人：周山丹
责任编辑：李佳航
责任技编：王　兰
责任校对：裴晓倩
封面设计：劳华义
版式设计：邓晓童
经　　销：全国新华书店
印　　刷：广州市岭美文化科技有限公司
开　　本：787mm×1092mm　1/16
印　　张：9
字　　数：120 千字
版　　次：2019 年 7 月第 1 版
印　　次：2019 年 7 月第 1 次印刷
定　　价：48.00 元

投稿热线：（020）87360640　　读者热线：（020）87363865

调研组成员

报告撰写

南方日报社·南方经济智库研究员

郑佳欣　黄应来　王　彪　李凤祥　昌道励　龙金光　黄叙浩

南方日报社·南方城市智库研究员

叶洁纯　陈思勤　罗　锐　高静宁　潘晓晨　靳延明　沈梦怡
马喜生　何康杰　傅　鹏　杜　艳　戴晓晓　叶永茵　郝金鹏
李鹏程　宾红霞　吴雨伦

专家顾问

华南理工大学

朱桂龙　华南理工大学工商管理学院教授、博士生导师
王志强　华南理工大学工商管理学院教授、博士生导师
樊　霞　华南理工大学工商管理学院教授、博士生导师
尹　潇　华南理工大学工商管理学院博士研究生
赛　夫　华南理工大学工商管理学院硕士研究生
丁铭铭　华南理工大学工商管理学院硕士研究生

建行大学大湾区金融创新学院

莫婉兰　建行大学大湾区金融创新学院、建设银行广东省分行人力资源部副总经理
刘　丹　建行大学大湾区金融创新学院、建设银行广东省分行人力资源部经理
詹学鹏　建行大学大湾区金融创新学院、建设银行广东省分行人力资源部副经理

中国建设银行科技金融创新中心

黄建伟　中国建设银行科技金融创新中心创新一部总经理
郭　阳　中国建设银行科技金融创新中心创新一部经理
吴　凯　中国建设银行科技金融创新中心创新一部副经理
王　越　中国建设银行科技金融创新中心创新一部科技金融专员
刘旭彬　中国建设银行科技金融创新中心创新一部科技金融专员
陈　静　中国建设银行科技金融创新中心创新一部科技金融专员
陈小乐　中国建设银行科技金融创新中心创新一部科技金融专员
刘乐乐　中国建设银行科技金融创新中心创新二部副总经理
张卓君　中国建设银行科技金融创新中心创新二部副经理
梁小翔　中国建设银行科技金融创新中心创新三部副总经理
史善胤　中国建设银行科技金融创新中心创新三部经理
张五星　中国建设银行科技金融创新中心创新四部副总经理
练扬扬　中国建设银行科技金融创新中心创新四部副经理
周颖梅　中国建设银行科技金融创新中心创新五部副总经理
卢夏源　中国建设银行科技金融创新中心创新五部副经理
李　岚　中国建设银行科技金融创新中心风险研究部高级主管
黄继亮　中国建设银行科技金融创新中心风险研究部高级主管

前　言

建设粤港澳大湾区是习近平总书记亲自谋划、亲自部署、亲自推动的国家战略。2019年2月18日，中共中央、国务院印发《粤港澳大湾区发展规划纲要》（以下简称《规划纲要》），将粤港澳大湾区定位为充满活力的世界级城市群，其中指出，要深入实施创新驱动发展战略，深化粤港澳创新合作，构建开放型融合发展的区域协同创新共同体，集聚国际创新资源，优化创新制度和政策环境，着力提升科技成果转化能力，建设全球科技创新高地和新兴产业重要策源地。

纵观全球，湾区经济作为重要的滨海或融海经济形态，往往是全球经济的重要增长极和全面创新的引领者。学界主流观点认为，经典湾区的形成包括四个阶段，主要是港口经济、工业经济、服务经济和创新型经济阶段。旧金山、纽约、东京三大世界级湾区均已迈入创新型经济阶段。旧金山湾区是全球创新圣地和最重要的高科技研发中心之一，科技产业占据湾区半壁江山，被称为“科技湾区”。

打造国际科技创新中心，是粤港澳大湾区建设的战略定位之一。《规划纲要》提出打造“具有全球影响力的国际科技创新中心”，将粤港澳大湾区建设提升到新的高度，要以国际视野对标全球科技创新资源最集中的三大湾区开展粤港澳大湾区建设。从目前来看，粤港澳三地科技研发、转化能力突出，拥有一批在全国乃至全球具有重要影响力的高校、科研院所、高新技术企业和国家大科学工程，创新要素吸引力强，具备建设国际科技创新中心的良好基础。香港拥有4所（香港大学、香港科技大学、香港中文大学、香港城市大学）QS世界大学排名前100位的高校，广东15所高校69个学科入围ESI全球排名前1%。粤港澳大湾区拥有国家重点实验室40家（其中广东26家，香港12家，澳门2家），以及国家工程实验室、企业技术中心等各类国家级创新平台超过200家。2018年，广东研发经费支出2600亿元、占生产总值比重达2.65%，区域创新综合能力排名全国第一；国家级高新技术企业数量超过4万家；科技企业孵化器900家（国家级110家）、众创空间785家（国家级104家），均居全国第一；知识产权综合发展指数连续6年保持全国第一。

由中国建设银行科技金融创新中心与南方报业传媒集团联合主办的“榜样的力量——2018‘FIT粤’科创先锋大赛”，第三年将“技术流”引入评价体系，以在成长性、创新力和市场竞争力等方面深度挖掘广东优秀科创企业、科研机构及领军人物。为深刻反映粤港澳大湾区科技创新发展新特点、新趋势和新问题，总结粤港澳大湾区创新驱动发展经验，南方日报社·南方经济智库、南方城市智库联合建行大学大湾区金融创新学院、中国建设银行科技金融创新中心，华南理工大学工商管理学院，在2018“FIT粤”科创先锋大赛基础上，结合世界级湾区科技创新发展的深度调研，对上百家珠三角创新企业展开深度调研和分析，共同研究编写《大湾区视野下的珠三角企业创新报告》。这是继《2016珠三角企业创新报告》《2017珠三角企业创新报告》之后，三方合作团队推出的第三期年度报告。期望该报告能够引发大家对粤港澳大湾区科创企业发展，尤其是粤港澳大湾区国际科技创新中心建设的共同认识，引起社会共鸣。

目　录 CONTENTS

壹 大湾区建设背景下的企业创新机遇

《规划纲要》提出，将粤港澳大湾区建设成具有全球影响力的国际科技创新中心。粤港澳大湾区要建设成为一流湾区，创新驱动发展是关键。无论是参照国际一流湾区的发展路径，还是聚焦建设科技强国的大背景，建设国际科技创新中心都是粤港澳大湾区建设的核心内容和时代命题。

因此，珠三角企业迎来了全所未有的创新发展机遇。首先是粤港澳大湾区国际科技创新中心建设的时代背景；其次是大湾区经济高质量发展的战略需求；再者随着大湾区建设加速，创新要素资源的高效便捷流动，让企业创新如虎添翼；最后，持续优化的区域政策环境，则不断降低创新成本与束缚，为创新创业者的免除后顾之忧。

■中国散裂中子源（孙俊杰摄）

（一）湾区新机遇：面向全球，建设国际科技创新中心

当前，粤港澳大湾区建设成为时代主题（见表1–1、图1–1），创新驱动发展战略深入实施，广东全面创新改革试验稳步推进，国家自主创新示范区加快建设。粤港澳三地科技研发、转化能力突出，拥有一批在全国乃至全球具有重要影响力的高校、科研院所、高新技术企业和国家大科学工程，创新要素吸引力强，已然具备建设国际科技创新中心的良好基础。

表 1-1　2017 年粤港澳大湾区经济发展状况

城市	土地面积（Km^2）	人口（万）	GDP（亿美元）	人均 GDP（美元）	出口（亿美元）	实际利用外商直接投资（亿美元）
大湾区	55,904	6958	15134.20	21750	10901.60	1406.87
香港	1106	741	3414.10	46190	4972.90	1174.02
澳门	31	65	503.6	77600	14.1	14.772
广州	7249	1450	3181.50	22320	857	62.89
深圳	1997	1253	3319.90	27120	2446.20	74.01
佛山	3798	766	1412.90	18450	466.6	16.23
东莞	2460	834	1121.80	13530	1039.70	17.19
惠州	11347	478	566.8	11880	330.4	11.44
中山	1784	326	510.5	15750	304.1	5.09
江门	9505	456	398	8740	159.1	5.11
珠海	1736	177	379.5	22100	278.6	24.33
肇庆	14891	412	325.6	7940	32.9	1.81

（数据来源：香港政府统计处、澳门统计暨普查局、珠三角各市统计局）

■这款由优必选研发的双足机器人，具备语音交互、导航避障、人脸识别等功能（鲁力摄）

在此基础上，《规划纲要》提出将粤港澳大湾区建设成具有全球影响力的国际科技创新中心。

纵观全球科技产业发展，其产业创新活动通常与地理空间上的集聚性息息相关，并通过一个或多个创新集群在某一地理区域内的“极化”，发展成为具有全球影响力和辐射力的科技创新中心，如美国的硅谷、波士顿，日本的筑波，以色列的特拉维夫等。为迎接全球新一轮科技和产业革命，深入推进创新驱动发展战略，加快区域创新发展布局，2017年7月，在习近平总书记的见证下，国家发展和改革委员会、广东省政府、香港特别行政区政府和澳门特别行政区政府联合签署了《深化粤港澳合作推进大湾区建设框架协议》，明确提出将粤港澳大湾区建设成为国际科技创新中心。2019年2月18日中共中央、国务院印发的《规划纲要》，将粤港澳大湾区具有全球影响力的国际科技创新中心战略定位为：瞄准世界科技和产业发展前沿，加强创新平台建设，大力发展新技术、新产业、新业态、新模式，加快形成以创新为主要动力和支撑的经济体系；扎实推进全面创新改革试验，充分发挥粤港澳科技研发与产业创新优势，破除影响创新要素自由流动的瓶颈和制约，进一步激发各类创新主体活力，建成全球科技创新高地和新兴产业重要策源地。这一战略定位明晰了以科技产业发展为导向，前沿科技创新和科技产业发展双向互动的大湾区国际科技创新中心建设与发展思路。

《规划纲要》提出打造“具有全球影响力的国际科技创新中心”，将粤港澳大湾区建设提升到一个新的高度，要以国际视野对标全球科技创新资源最集中的三大湾区开展粤港澳大湾区建设。从全国层面来看，目前也仅有三个区域被明确赋予建设科技创新中心的使命：北京定位为“全国科技创新中心”，上海要建设“具有全球影响力的科技创新中心”，粤港澳大湾区则是“国际科技创新中心”。无论是参照国际一

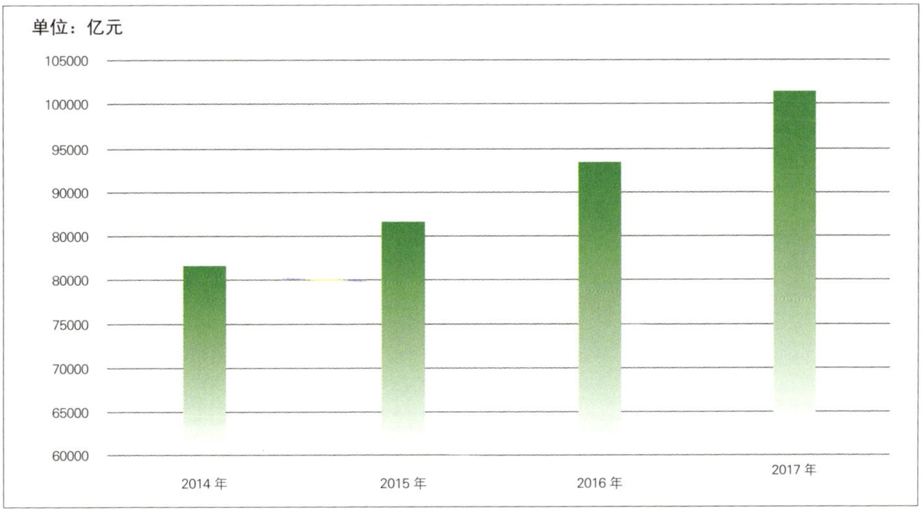

（数据来源：广东省统计局、香港统计处、澳门统计暨普查局）

图 1-1 2014—2017 年粤港澳大湾区经济总量

流湾区的发展路径，还是聚焦建设科技强国的大背景下，建设广深港澳科技创新走廊、打造国际科技创新中心都是粤港澳大湾区建设的核心内容，更是其在国家战略、全球格局中的重要使命。

著名经济学家、国家发展改革委原副秘书长范恒山认为，粤港澳大湾区要成为一流湾区，成为世界级城市群，关键要靠创新。因此，建设国际科技创新中心，既是粤港澳大湾区建设的首要任务，也是打造一流湾区的重要支撑。

在上述背景下，创新要素加速流动，湾区经济持续迸发新活力，一个迈向国际科技创新中心、引领全球技术变革的世界级湾区正加快成长。而置身大湾区的企业主体，顺应时代发展趋势，正面临着前所未有的创新发展机遇。

（二）战略新需求：创新引领，迈向经济高质量发展

放眼世界，全球已经进入以信息化、智能化为主导的新经济发展时期，新一轮科技革命和产业变革正孕育兴起。习近平总书记在党的十九大报告中指出，我国经济已由高速增长阶段转向高质量发展阶段，正处在转变发展方式、优化经济结构、转换增长动力攻关期。推动高质量发展是当前和今后一个时期确定发展思路、制定经济政策、实施宏观调控的根本要求。

这为广东的发展，指明了宏观路径。当前，广东聚焦战略性新兴产业，以科技创新引领产业转型升级，为广东在构建推动经济高质量发展体制机制和建设现代化经济体系上走在全国前列注入新的活力；同时，香港也提出探索“再工业化”，培育新的经济增长点。在此背景下，科创企业的快速发展，成为粤港澳大湾区经济高质量发展的战略需求。国

■南沙大桥（肖雄　石磊　郑一见摄）

务院发展研究中心发展战略和区域经济研究部部长侯永志指出，在经过改革开放40年的高速增长之后，中国的经济发展步入新常态，如何推动供给侧结构性改革，进一步实现转型发展，成为当前所处发展阶段的核心问题。粤港澳大湾区由区域合作上升为国家战略，其目的在于强调粤港澳大湾区的建设应服务于国家的现代化战略总布局。

因此，建设国际科技创新中心，发展高端制造业，将有助于提高粤港澳大湾区企业在全球价值链中的地位。历史经验昭示我们，区域经济持续稳定发展的关键在于创新，要想赢得发展主动权就必须坚持科技创新，发展高端制造业，抢占全球战略、产业链的制高点，不断实现粤港澳大湾区产业经济在全球价值链上的攀升。

改革开放40年的发展，中国以速度和规模著称于世，而珠三角是中国速度和中国规模的典型代表。面向未来，在粤港澳大湾区未来的建设进程中，社会经济的高质量发展将成为核心要义，需要从发展的规模、速度走向发展的品质、高度。

顺应经济高质量发展的战略需求，粤港澳大湾区要加强内部合作，加速国际科技创新中心建设，不断集聚高端要素资源，培育一批具备原创性、引领性、战略性的科创企业，从而占领产业链高端，强化全球资源配置能力，成为全球新经济发展策源地。

（三）全球竞争力：要素流动，“两张网”形成新势能

2019年广东省政府工作报告提出，在粤港澳大湾区建设中，将加强

■港珠澳大桥（张由琼　吴伟洪　徐杰摄）

设施“硬联通”和机制“软联通”，推进与港澳在法律服务、金融、医疗、建筑等领域的规则对接，提升市场一体化水平。南方经济智库、南方城市智库调研发现，粤港澳大湾区正在加速构建以“交通+制度”为重点的“两张网”，形成粤港澳大湾区发展的新势能和全球竞争力。

1.新交通网：大湾区新环线逐步成型

建设粤港澳大湾区国际科技创新中心，培育具备全球竞争力的科创企业，创新资源的高效便捷流动至关重要。大湾区的四大中心城市和七个节点城市，共同构成了大湾区科技创新的主要载体和关键环节，它们的联动直接决定着大湾区科技创新的质量与水平。随着广深港高铁、港珠澳大桥、南沙大桥、深中通道等重大交通基础设施的建成通车或加速推进，同时，“广州—深圳—香港—澳门”科技创新走廊建设加快推进，正在串联起一个个创新平台和载体，打通人才、资本、信息、技术等创新要素流动的新通道，大湾区的互联互通进入全新的发展阶段，循着这些重要通道，人才、技术、资本等创新要素的流动将会更加高效便捷。

在基础设施方面，《规划纲要》提出，要以连通内地与港澳以及珠江口东西两岸为重点，构建以高速铁路、城际铁路和高等级公路为主体的城际快速交通网络，力争实现大湾区主要城市间一小时通达。这一目标正在成为现实，伴随着港珠澳大桥的通车，整个大湾区正式形成一个闭环。调研发现，伴随着广深港高铁的开通，一个从广州坐高铁南下东莞、深圳到香港，再从香港过大桥西行到珠海、澳门，然后从珠海、澳门搭城轨北上中山、佛山又回到广州的“湾区新环线”已经成型，这个由中国轨道交通和中国“世纪工程”支撑的“新交通网”是全球独一无二的；广深港高铁香港段通车第一个月已接载超150万人次，这样的人口流动频率在全球也是独一无二的，人流、物流、资金流、技术流等要

■广深港高铁（鲁力摄）

素在珠江东西岸加速流动。未来，深中通道建成通车，珠江东西两岸的交通条件将进一步优化，也将持续降低粤港澳大湾区内创新资源流动的时间经济成本。

与此同时，粤港澳大湾区内部各城市之间要素流动的“软环境”也在不断优化。在广东自贸试验区内，粤港澳口岸通关合作模式不断创新，也在加速创新要素流动，比如横琴口岸与澳门24小时通关，“深港陆空联运”帮助节省约三分之一的物流成本和时间，粤港口岸通检时间缩短至3小时内。

创新要素的加速流动，也在不断激发这粤港澳大湾区的创新活力。来自《粤港澳大湾区与世界三大湾区创新能力对比研究》的数据显示，2017年粤港澳大湾区发明专利申请量超过17.6万件，超过其他三大湾区总和。2017年东京、纽约、旧金山三大湾区发明专利申请量分别是2.2万件、1.2万件和3.5万件。

可以预见，在未来，粤港澳大湾区内创新要素资源的流动、连接、融合、爆发会更加频繁，更加高效，也更有影响力，对于置身其中的企业而言，也必将获得更大的创新发展空间。

2.新制度网：区域政策环境持续优化

南方经济智库、南方城市智库观察发现，世界著名湾区在发展过程中都建立了政府和市场通力协作机制，在充分发挥市场活力的同时，政府在营造良好的营商环境、消除行政壁垒、保护知识产权、完善法律法规、建立服务平台、推动基础研究等方面也发挥了重要作用。在粤港澳大湾区，新的制度网络正在加速构建，在“一国两制”的框架下，政府与市场的力量共振、结合，形成新的竞争优势。

粤港澳大湾区研究院发布《2018年中国城市营商环境评价报告》中，深圳、上海、广州位列全国城市营商环境前三名，粤港澳大湾区整体表现出色。

同时，省科技厅联合省财政厅出台了鼓励港澳高校、科研院所牵头申报广东省财政科技计划项目的相关政策文件，围绕资金流，率先从省级财政科研资金跨境流通层面突破，推动湾区内科研经费便利使用，鼓励港澳高等院校和科研机构承担广东省级科技计划项目，促进湾区科技创新资源高效协同。

此前广东省印发实施的《关于加强基础与应用基础研究的若干意见》，明确提出建立粤港澳科研协作机制，支持省内院校聘用港澳研究人才开展基础与应用基础研究；推进建设粤港澳联合实验室，共同争取国家实验室、大科学装置落户粤港澳大湾区；畅通资金跨境拨付渠道，推动科研经费跨境便利使用；调整赴港澳商务签注适用范围及条件，便利科研人员多次往返港澳等。

当前，广东正积极推进粤港澳联合科技攻关，重点围绕三地共同需求，实施粤港、粤澳联合创新资助计划、大湾区科技创新专项计划等，联合开展产业关键共性技术研究、创新平台建设、成果转化和应用示范，推动粤港澳三地产学研深度合作，全面打通和融合创新链、产业链、资金链，培育和壮大战略性新兴产业，同时加快推进粤港澳基础与应用基础研究合作，着力提升大湾区的国际技术竞争力。

贰 支撑珠三角科创企业发展的四种力量

课题组通过发放问卷的形式对近百家珠三角科创企业进行调查。调查结果显示，支撑珠三角科创企业发展的四种力量正在逐步凸显：企业创新特征趋于显著；关键人才的重要性凸显；产学研合作日趋紧密；公共政策的支持日益重要。这四种力量将在推动国际科技创新中心建设的过程中发挥更加重要的作用。

（一）创新主体：企业创新特征趋于显著

在各类要素成本不断上升、内外经济环境异常严峻的当下，创新，不仅事关企业的竞争力，还直接关系到企业的生存和发展。调查显示，珠三角科创企业的创新特征趋于显著，具体表现在：研发人员占比和研发投入占比显著提升，突破式创新不断涌现，等等。

从创新最需要的两大要素（人和财）来看，珠三角科创企业越来越舍得“下血本”：在研发人员占比调查所列选项中，近70%的企业研发人员占比超过10%。其中，研发人员占比20%—50%的企业达到38.14%（见图2-1）；

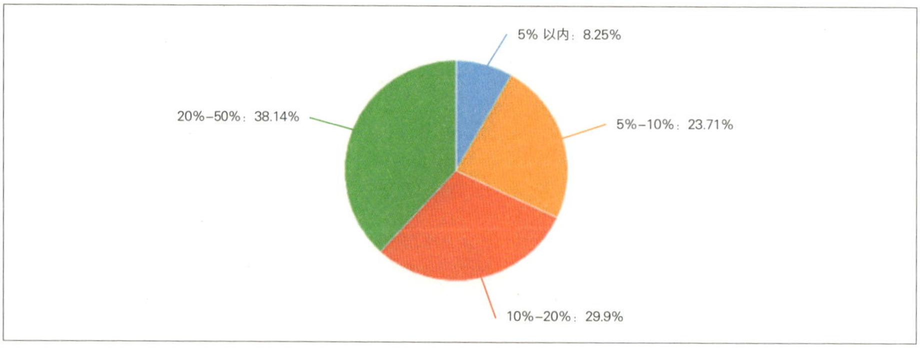

图 2-1　研发人员占总员工比重

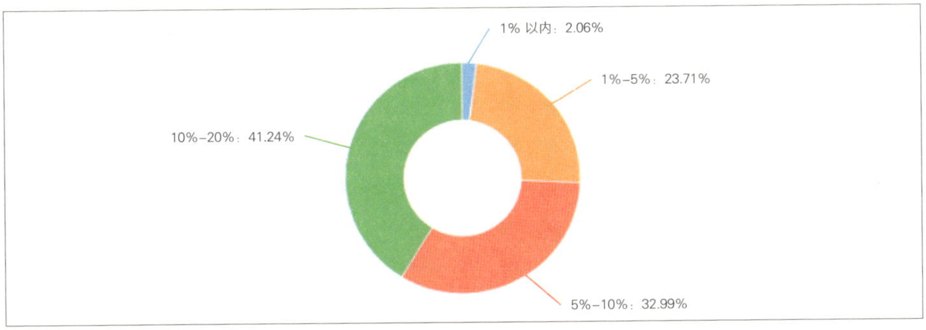

图 2-2　研发投入占营收比重

研发投入占比亦是如此，近3/4的企业研发投入占比超过5%。其中，10%—20%以上的企业达到41.24%，不足1%的仅为2.06%（见图2-2）。

以美的集团为例，截至2018年底，美的累计国内专利申请量突破9.4万件，授权维持量4.4万件，连续三年排名全球家电领域第一位。据统

■美的集团的智能生产车间，多台机器人被运用到空调遥控的生产流水线当中（戴嘉信摄）

计，目前美的在全球布局了20个研发中心，研发人员占比超50%，博士和资深专家超过500人。敢于在基础研发上加大投入，是美的构建科技集团核心技术护城河的关键。

从创新活动的类型来看，珠三角科创企业主要围绕主营产品开展创新活动，重点在技术或工艺创新方面实现突破（占比为87.63%），但同时又兼顾到其他领域的创新，比如营销创新、商业模式和组织创新等占比40.21%、39.18%、28.81%（见图2–3）。

创新一直是格力电器引以为傲的资本。年报显示，格力电器8.8万名员工中有1.18万人从事研发，占比达13.30%，2018年，公司研发费用从36亿上升至72.7亿元，占总营收比例3.67%。目前，格力申请国内专利50360项，其中发明专利23435项，国际专利1706项，而在2018年国家知识产权局排行榜中，格力电器排名全国第六，家电行业第一。

随着多元化布局的逐步深入，格力创新的重点也在发生变化。2017年，格力电器首次在年报中提出“多元化、全球性工业集团”定位，2018年，格力电器年报中的表述变为“多元化、科技型的全球工业集团”，覆盖空调、生活电器、高端装备和通信设备等四大领域。年报显

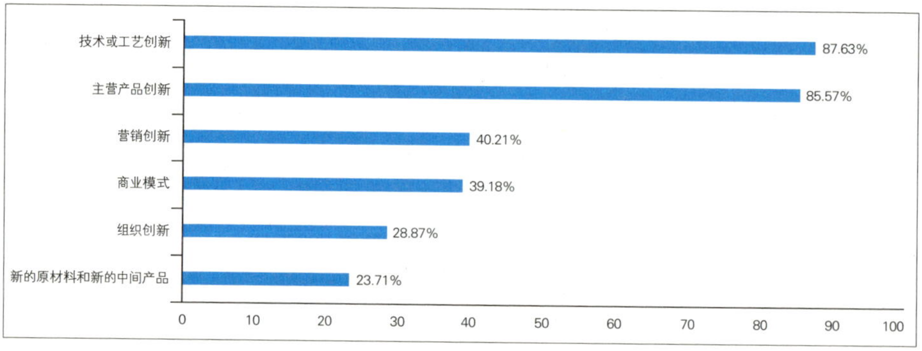

图 2–3　创新活动类型

■珠海格力弹琴机器人演奏出动听的音乐（戴嘉信摄）

示，2018年格力智能装备营收为31亿元，同比增长46.20%。目前格力旗下拥有珠海格力智能装备、格力机器人、数控机床等6家公司，在机器人伺服电机、伺服驱动器、运动控制器、减速机全套核心部件上实现了自主研发，产品覆盖工业机器人、数控机床、智能仓储、检测设备多个领域。

除了技术创新，近年来，格力的经营模式也在不断创新。格力电器修改了公司章程，在经营范围中增加了“电子商务”。这也是市场对格力电器混改的期待之一，通过引入产业资本推动格力变革经营模式，面向IoT时代加速布局多元化。

广州佛朗斯股份有限公司也是珠三角企业发力创新的典型样本。该公司从创办至今，紧紧抓住服务经济、大数据、物联网和智能制造发展机遇，通过科技创新、服务创新和商业模式创新，成功实现了从叉车配件批发商到叉车维护服务商、叉车租赁共享服务提供商，再到智能化物流运输方案解决商的创新迭代和转型升级。公司运用自主研发的智能物联管理系统平台，向客户提供物联网环境下厂内智能物流解决方案和运营服务，包括：物流规划、设备租赁与运营，以及维护维修等。佛朗斯独创的“物联网+IT”，以及“服务、金融和制造协同融合”的资产服务运营模式，极大提高了公司资产运营管理能力和效率，推动公司进入稳步快速发展轨道，成为行业发展领头羊。公司目前已实现对两万多台设备全生命周期内的“1对1”的数字化、精细化的管理，通过运平台和大数据管理，指导分布在全国的100多家直营服务网点为客户提供最高效和快捷的服务。这种创新的资产管理模式在提高设备使用效率，节约社会资源的同时，也推动传统制造业和传统服务业的质量变革、效率变革。

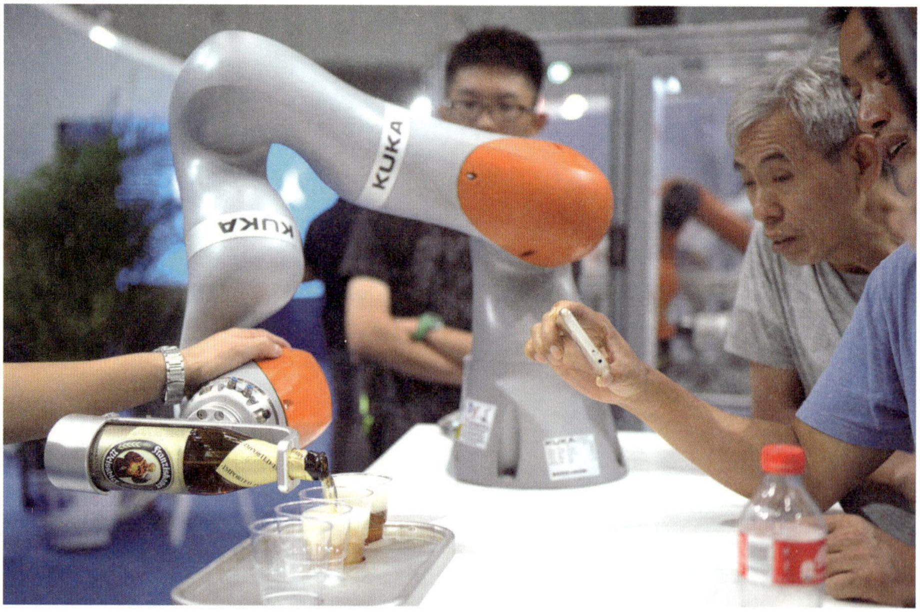

■ KUKA 高性能 7 轴机器人手臂演示倒啤酒（戴嘉信摄）

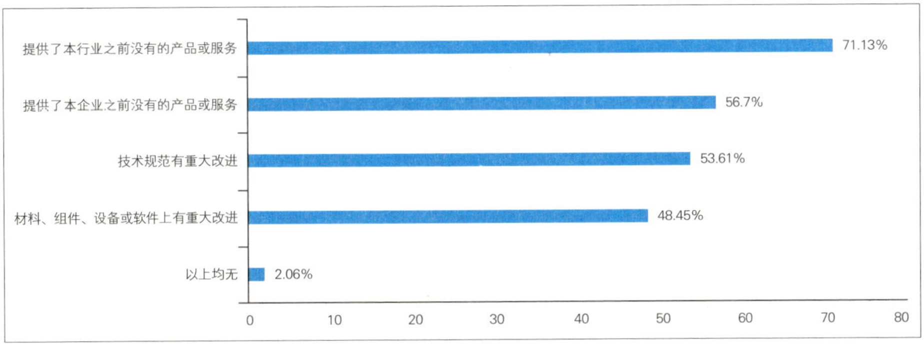

图 2-4　创新活动影响比重

从调研的情况看，珠三角科创企业的创新活动既有重点又较为全面，创新活动表现较为成熟，或者说进入深度创新阶段。

从图2-4来看，珠三角科创企业的创新活动影响和意义十分凸显，集中体现在“提供了本行业之前没有的产品或服务”占比最高，达71.13%，这意味着被调查企业的创新活动具有突破性和开创性，将对所在行业带来积极影响。同时，其他三项占比也不低，均在50%上下。

例如，成立于2004年的创鑫激光，是国内首批成立的光纤激光器制造商之一，也是国内首批实现在光纤激光器、光学器件两类核心技术上拥有自主知识产权并进行垂直整合的国家高新技术企业之一。2005年以前，光纤激光技术长期被国外巨头垄断，国内激光产业完全依赖进口，以创鑫激光为代表的少数企业对光纤激光器技术进行探索，于2011年实现光纤激光器的国产化。创鑫激光建立了“工业推广+科研合作+民用引导”的业务架构和“自主研发+布局生产+全球销售”的商业模式。在以科技驱动为主的激光器行业，不断创新是收入和利润增长的首要驱动力，2016—2018年，创鑫激光的研发费用分别为3120.93万元、3434.22万元和4258.12万元，占同期营业收入的比例分别为7.35%、5.69%和

■宏石激光的五轴联动激光全自动生产线（戴嘉信摄）

6.00%，保持较高的投入水平。截至目前，公司及公司全资子公司已获授权的专利共239项，软件著作权23项，其中发明专利82项、实用新型82项、外观设计68项、境外专利7项。上述专利技术全部被应用于公司的核心技术中，覆盖公司所有系列产品和核心光学器件。

佛山市宏石激光技术有限公司的主打产品为光纤激光切割设备，主要用于厨具、灯饰、汽车零配件、航空航天零部件等的加工。宏石激光将其生产的产品称为“工业快消品”，即工业领域使用周期短、更新换代快的产品，该公司抓住传统产业技术升级的风口，不断找到新的应用场景，通过满足用户的新需求赢得全国市场。为保证产品的竞争优势，宏石激光通过快速迭代来赋予产品不可替代的价值，拉开与其他企业的距离。据介绍，目前企业一年开发不少于4款全新产品，每一款产品开发从立项到成功不超过半年。

（二）创新主力：关键人才的重要性凸显

调查分析显示，人才特别是关键人才、团队在创新活动中的重要性和地位越来越凸显。

在填选影响创新的因素的题中，94.85%受访企业均选了“关键人才支持”（见图2-5）；与之相对应的是，在制约创新的因素中，79.38%受访企业选择了“缺乏合适的人才或人才流失”（见图2-7）。

在创新资金投入分布方面，“关键人才（团队）引入”占比最高为84.54%（见图2-6）。综上可见，人才是第一资源，在科创企业创新活动中的重要性日益凸显。

光峰科技的发展体现了这一点。在代表显示技术的高端应用的激光电影放映领域，基于光峰ALPD激光技术的激光电影放映市场已经占领全球领先优势。在成立的13年里，光峰科技基于原创的技术架构推出一系列性能优异的激光显示产品，开创了激光显示技术大规模商业化应用的时代。在公司发展初期，光峰科技潜心研发ALPD激光技术，并对其各种应用途径进行推演，形成大量专利积累。ALPD激光实现多色光源、反射导热衬底结构等基础底层技术便是在这一时期里完成的研发，

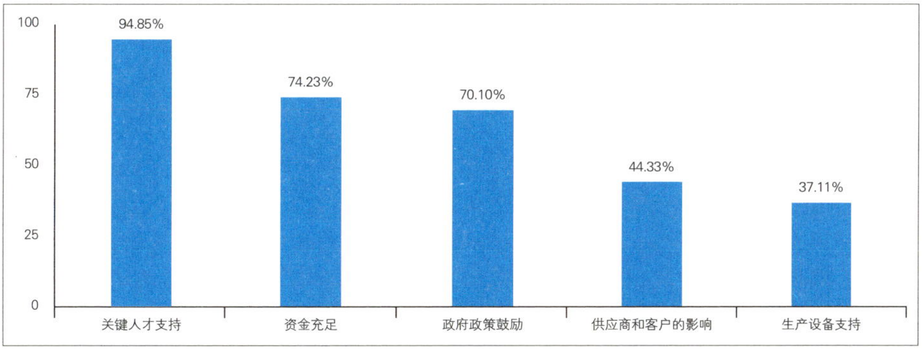

图 2-5　影响创新的因素

■光峰科技研发人员正在调试激光投影设备（鲁力摄）

为后续ALPD技术与具体行业应用相结合奠定坚实基础。截至2019年2月28日，光峰科技已获授权专利766项，申请中专利超700项，公司专利申请数量在全球激光显示领域排名第一。截至2018年末，光峰科技现有

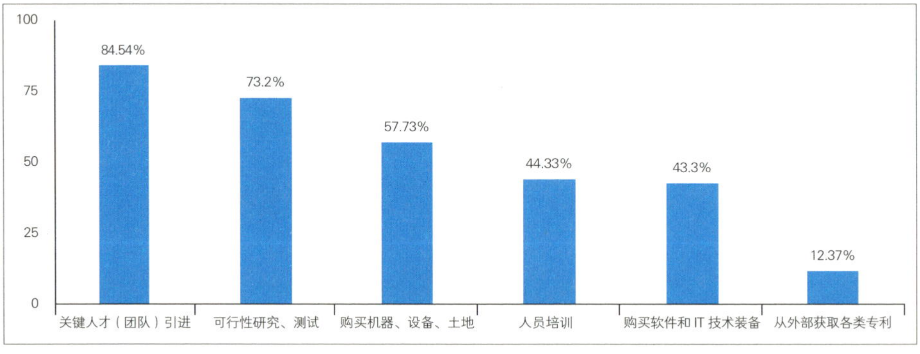

图 2-6　创新资金投入分布

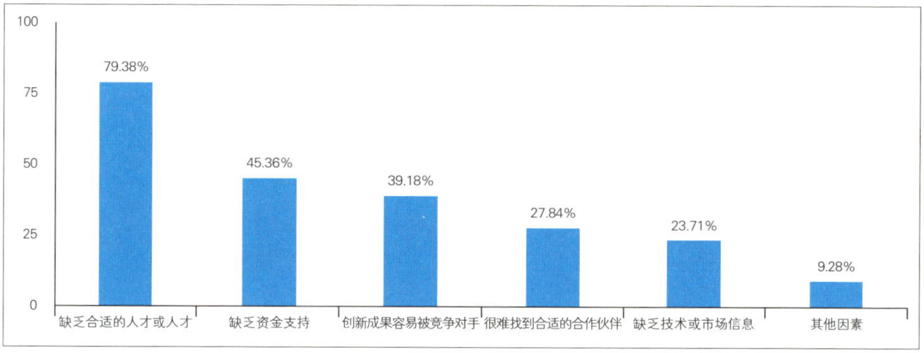

图 2-7　制约创新的因素

研发人员309名，占公司员工总数及非生产员工的比例分别为27.30%、47.98%，来自清华大学、北京大学、武汉大学、香港大学、美国罗切斯特大学等国内外知名高校。

作为中国白色家电的龙头企业，格兰仕一直注重自主创新、自主研

■格兰仕微波炉生产线，机器人已经深度参与到生产环节中（戴嘉信摄）

发、自我配套、全产业链配套，打造效率领先的中国智造。在其创新发展历程中，人才一直占据着重要地位。在立足大湾区的同时，近年来，格兰仕面向欧美、日本、韩国引进的一流研发、营销及制造管理人才已超过100名。同时，在德国、日本、美国等国家成立研发中心，提升家电前沿科技的开发和应用水平。

广东众生药业股份有限公司也是一家典型依靠人才聚集驱动的创新型企业。该公司新产品开发中心质量分析组成立于2001年，现有组员共32人，平均年龄27岁，主要负责众生创新药、仿制药及一致性评价项目的质量研究工作。随着公司研发力度越来越大，研发中心的规模也在不断增加。据预计，该公司2019年底质量分析团队规模扩大至60人，建立人才的培养梯队，学习国外的先进理念和技术原则，让药品注册走出国门。

（三）创新网络：产学研合作日趋紧密

调查分析显示，珠三角科创企业创新研发活动中的产学研合作特征较为明显。

首先从产品或业务外包来看，有54.64%受访企业有外包合作伙

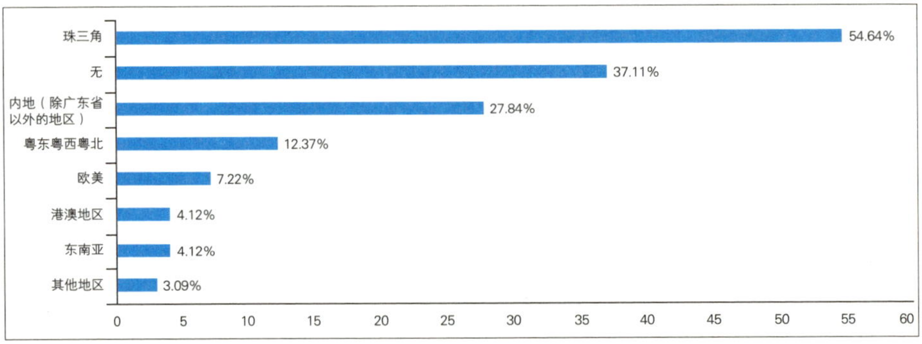

图 2-8　外包合作伙伴区域分布

伴分布在珠三角，内地（除广东省以外地区）和粤东粤西粤北分别为27.84%、12.37%（见图2–8）。

其次，从新产品开发途径来看，除了主要依靠自己独立开发外，与境内高校有合作开发的比重达到50.52%（见图2–9）。从图2–10来看，与高校科研院所有合作的企业高达75.26%，绝大部分受访企业有开展。这说明，科创企业越来越需要与外部机构，特别是高校科研机构开展创新合作。数据显示，广东在全国先行一步探索产学研合作，吸引全国312所高校、332个科研机构集聚广东，建立省部级以上各类创新平台300多个，为科技创新注入巨大动力，有效提升了综合的创新能力。

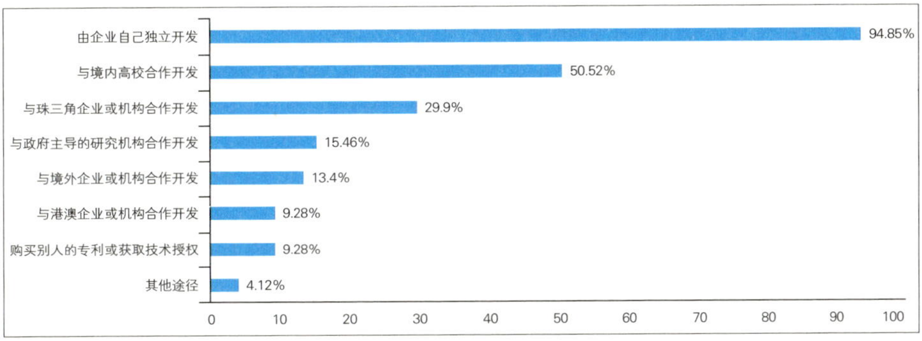

图 2–9 新产品开发途径

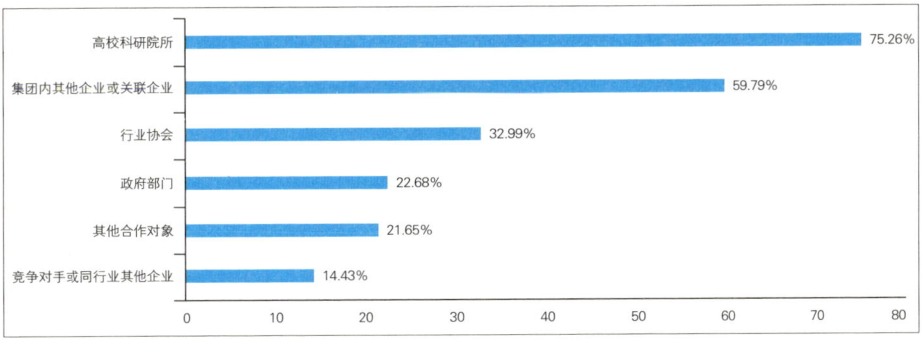

图 2–10 创新研发合作情况

■广东仕诚塑料机械有限公司是中国首家生产高端宽幅流延膜生产线的专业厂家，世界级高端流延薄膜设备与服务供应商之一（丁铨摄）

例如，广东省科学院在广东仕诚塑料机械有限公司正式设立“企业工作站”，这是科研机构与企业“牵手”的典型案例。设立“企业工作站”后，双方将在新材料研发等方面进行更深入的合作，为企业的发展提供技术支撑，同时省科学院的技术也可以在企业得到更好的产业化。作为中国首家生产高端宽幅流延膜生产线的专业厂家，为了更好地参与国际竞争，仕诚机械善于借用“外脑”，除了与广东省科学院联手，还与其他科研机构和院士开展紧密合作。

推动创新驱动发展，各地市政府也在各显神通，探索产学研协同创新的新路径。

作为国家创新型试点城市的东莞，产学研的创新之路特别典型。这个以“三来一补”起家的城市，通过产学研引进外来科研力量，不仅科技人才与成果在企业落地，更重要的是构建源头创新、产业创新的体系。2018年4月，由中科院院士王恩哥领军的松山湖材料实验室、中国科学院物理研究所珠三角分部率先成立，这也是首批启动建设的4家广东省实验室之一。目前该实验室已有来自麻省理工学院、牛津大学、香港科技大学等高校的10多个研发团队进驻。2018年8月中国散裂中子源投产，以其为核心的中子科学城，引入同步辐射光源等一批前瞻性、创新型和关联性大科学装置，将建设成为珠三角大装置集群核心。据介绍，东莞构建四个层次的创新体系：一是原始创新体系，以散裂中子源、省材料实验室等重大科研平台，吸引海内外高层次科学家到东莞开展原始创新；二是技术创新体系，以20多家省级新型研发机构为主体，联合海内外的大学、科研机构和骨干企业，开展产业技术创新，解决行业共性技术、核心技术和卡脖子技术问题；三是构建成果转化产业化体系，以松山湖高新区、各类科技园区、专业镇等为载体，承接国内外科技成果转化和产业化，促进产业升级；四是构建科技企业培育体系，以高企培育为主体，培育一大批科技型企业。

为了破解创新资源缺乏难题，惠州近年来在创新方面更多地通过借助外力推进协同创新。针对一批重点发展的战略性新兴产业，惠州与外地高校共建了20多个新型研发机构，为这些产业提供技术和人才上的配套支撑。这些机构作为开放的技术平台，机制灵活，面向市场需求，已经和一批企业开展了产学研合作，解决了不少技术难题。同时，这些新型研发机构由于本身有扎实的技术和成果储备，依托其中比较成熟的科技成果孵化了一批科技企业，也为本地的创新发展注入了新动力。

珠三角企业牵手高校共建实验室，产学研氛围越来越浓，企业创新意识不断增强，由企业牵头发起的联盟创新、协会创新等团体合作和资源整合项目日趋增多。例如，作为地方高校，东莞理工学院把高精尖的3D打印技术和设备送到了企业的车间里，机械工程学院与东莞市横沥镇合作共建3D打印公共服务中心和模具检测技术中心，学院负责为企业研制设备、加工产品，而学生可以到企业实习、就业。产学研协同创新，催生了化学反应。横沥镇模具行业总产值连续5年保持20%以上增长，2017年达到136亿元，增速连年保持在10%以上，多项指标增速位居东莞市32个镇街前列。截至目前，东莞理工学院累计安排工作经费900万元，派出51支科技产业创新服务小分队，深入东莞市18个专业镇、400多家企业，启动50多项科技研发合作，联合申报70余项发明专利。

（四）创新公地：公共政策的支持日益重要

哈佛大学管理学教授加里·皮萨诺和威利·施在《制造繁荣：美国为什么需要制造业复兴》一书中提出了产业公地的概念，产业公地由各种

■深圳高交会上超多维公司展示的裸眼 3D 设备（鲁力摄）

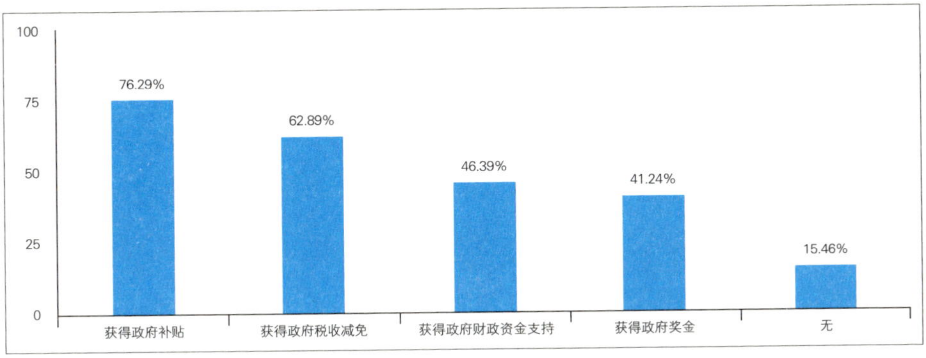

图 2-11　得到政府支持的情况

专有技术、产业运作能力和专业化技能的网络交织构成。皮萨诺认为，市场和政府在经济发展上可以成为高度互补的有效工具，政府可以创造良好的环境，而企业管理决策会决定最终的行动。

政府如何不越位、不缺位，在关键领域发挥作用，做好向新经济转型的产业引导和基础建设，是珠三角创新发展需要回应的问题。从广东的产业发展历程看，让市场在资源配置中发挥决定性作用，是广东经济发展重要的特征。政府简政放权、打造“有限政府”，营造公平、公正的营商环境，造就了广东民营经济的蓬勃发展。今天，在经济全球化条件下，在创新的浪潮中，市场可以解决很多其他制度安排难以胜任的复杂问题，但是市场无法解决所有问题。对于广东而言，在创新驱动发展的新命题下，如何优化新经济发展的创新制度环境，以知识运营为核心，以资本运营为纽带，扶持新兴产业的发展，急需找到答案。

调查分析显示，政府部门对创新活动的影响越来越大，公共政策的支持日益重要。

从图2-11来看，有60%以上的受访企业获得政府税收减免或获得政府补贴，超过40%的受访企业获得政府财政资金支持或获得政府奖金。

可见，政府对企业的创新活动起到了直接推动作用。

2018年4月25日，国家宣布推出7项减税措施，其中有5项与鼓励科技创新直接相关。9月，财政部、国家税务总局、科技部联合发出通知，规定企业开展研发活动中实际发生的研发费用，未形成无形资产计入当期损益的，在按规定据实扣除的基础上，在2018年1月1日至2020年12月31日期间，再按照实际发生额的75%在税前加计扣除；形成无形资产的，在上述期间按照无形资产成本的175%在税前摊销。研发费用加计扣除比例提升至75%并扩大到所有企业，相当于政府与企业共同负担创新和研发过程中的风险，降低研发投入成本。减税激励企业加大研发投入和科技创新，从而增加技术创新的供给。

支持企业科技创新的精准减税，为创新驱动发展营造了良好政策环境。数据显示，2018年广东鼓励高新技术企业、改善民生、促进小微企业发展等方面共减免税收2297亿元，其中深化增值税改革为民企受益减税168亿元，小型微利企业所得税减税76.60亿元。从调研的情况看，不少享受减税政策的企业正在逐步递增研发投入，减税降费政策的落实增强了珠三角企业的市场竞争力，为企业创新发展注入了新动能。

从图2-12来看，“获得政策鼓励”是受访企业最为迫切和期待的，也说明支持创新的公共政策仍需加大供给和提升精准性。

佛山市国星光电股份有限公司通过参与国家相关重大科技专项，获得政府大力支持。通过建立完善的科研平台，国星光电先后承担了国家“863”计划项目、国家“863”计划引导项目、国家火炬计划项目等国家级科研项目20多项，省部级项目80多项，产品荣获国家科技进步奖、国家重点新产品、省市科技进步奖等荣誉。面对LED行业整体增速放缓、行业竞争加剧的情况，这家LED封装龙头企业正通过加大创新投

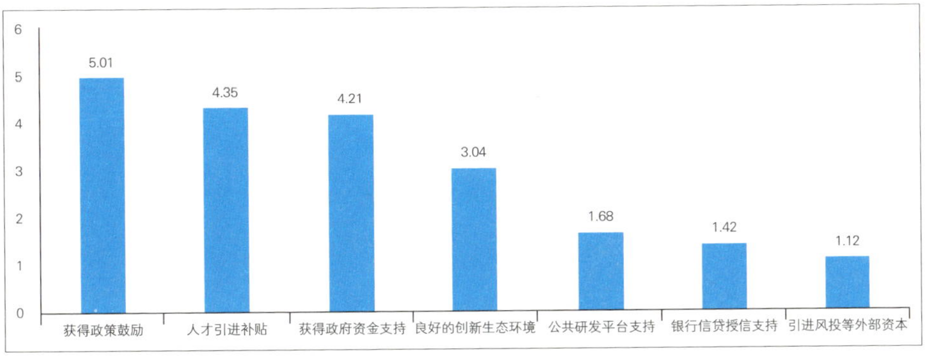

图 2-12　最迫切从政府部门获得支持的情况

入，开拓新蓝海。研发投入的增长带来了公司创新能力的增强。去年国星光电及子公司共新增专利申请235项，包括发明专利81项、实用新型135项、外观设计10项和PCT（专利合作协定）9项。

■国星光电的科研人员在工作中（戴嘉信摄）

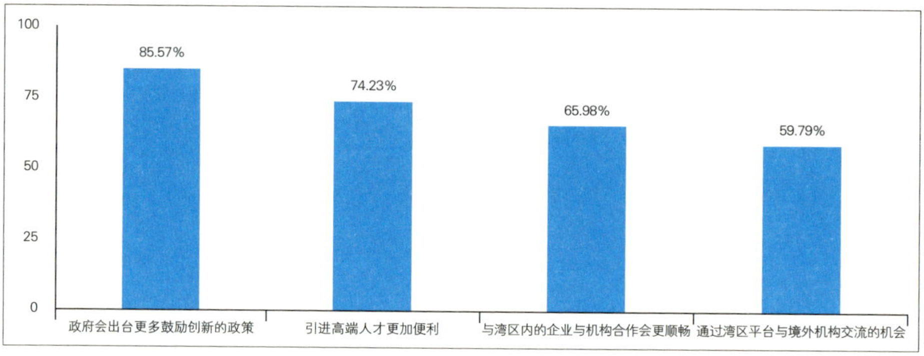

图 2-13　大湾区带来的影响

《规划纲要》正式公布，提出把大湾区打造成为国际科技创新中心，这对于湾区企业而言是重大的发展机遇。其中提出，推进“广州—深圳—香港—澳门”科技创新走廊建设，探索有利于人才、资本、信息、技术等创新要素跨境流动和区域融通的政策举措。图2-13显示，受访企业最为期待的仍是“政府会出台更多鼓励创新的政策”，其次是“引进高端人才更加便利”。2019年1月，广东省政府印发《关于进一步促进科技创新的若干政策措施》，从区域创新、创新主体、创新要素、创新环境等四个方面形成12条政策60多个政策点，提出一系列突破性政策措施。其中重点提到，支持港澳高校、科研机构牵头或独立申报广东省科技计划项目；建立省财政科研经费跨境的使用机制，允许项目资金直接拨付至港澳两地牵头或参与单位；完善符合港澳实际的财政科研资金管理机制，保障资金高效、规范使用。一系列具有超前性、突破性政策措施正在为企业加快创新发展注入新的活力和动力。

叁 基于“FIT粤”科创先锋大赛的创新特征分析

由中国建设银行科技金融创新中心和南方报业传媒集团联合举办的“榜样的力量——2018‘FIT粤’科创先锋大赛”于2018年12月正式启动。作为推动金融支撑实体经济、对接科技创新的有效举措，科创先锋大赛旨在搭建一个展示科创成果和助力成果转化的平台，为广东挖掘一批经营业绩优秀、投资回报快、技术领先、产品畅销的示范企业，大赛既关注行业龙头企业的创新先锋引领作用，也重视创新驱动对中小企业成长的重要性。同时，推选出各细分行业中表现突出、具有一定行业影响力，并能引领行业发展方向的领军人物，旨在从多层次、多角度、多方位测评广东企业科技创新发展的实力，为广东省企业创新发展提供示范与引领，吸引更多创新企业关注广东，落户广东。

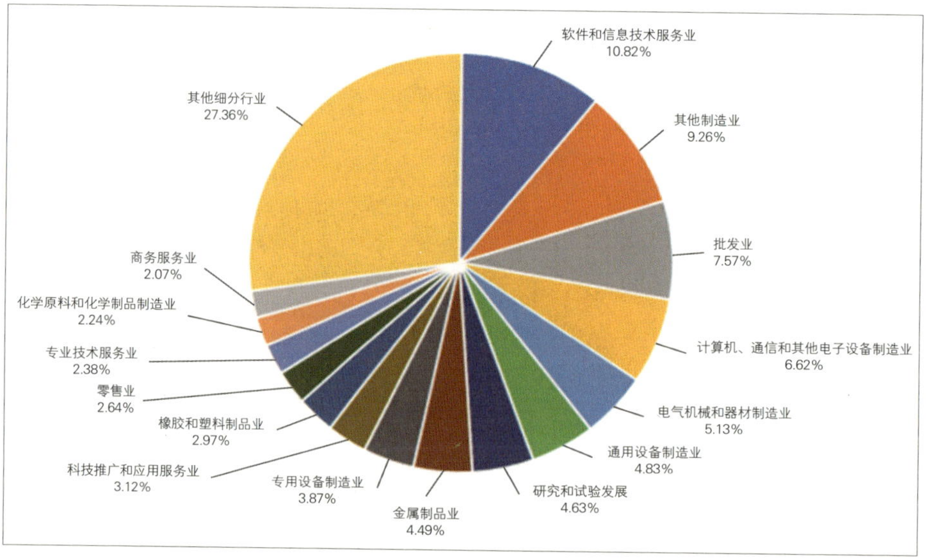

图 3-1　2018 年“FIT 粤”科创先锋大赛 19183 家报名企业的行业分布

历经三个多月的申报、初审、复审、微信推选和专家评审，此次科创先锋大赛在全社会形成了关注创新、参与创新的辐射作用。从全省报名参评的情况来看，企业组奖项共吸引了19183家企业报名参加，几乎达到了上一届10892家报名企业的两倍，知名度和参与度节节攀升。

根据对报名企业的统计，本届大赛报名的企业涉及50多个子行业，软件和信息技术服务业保持领先地位，占比10.82%。在行业分布上尤以高技术制造业、高技术服务业占比最大，这与广东省作为“制造业大省”的产业集群优势息息相关，另一方面也体现了广东在制造业服务化、科技服务业智力支撑上拥有良好的发展态势（见图3-1）。

经过严格的参评条件审核程序，共有1497家企业入围初评，下面将从地域与行业特征、产业特征、创新投入特征和创新产出特征四个视角对参评企业进行分析：

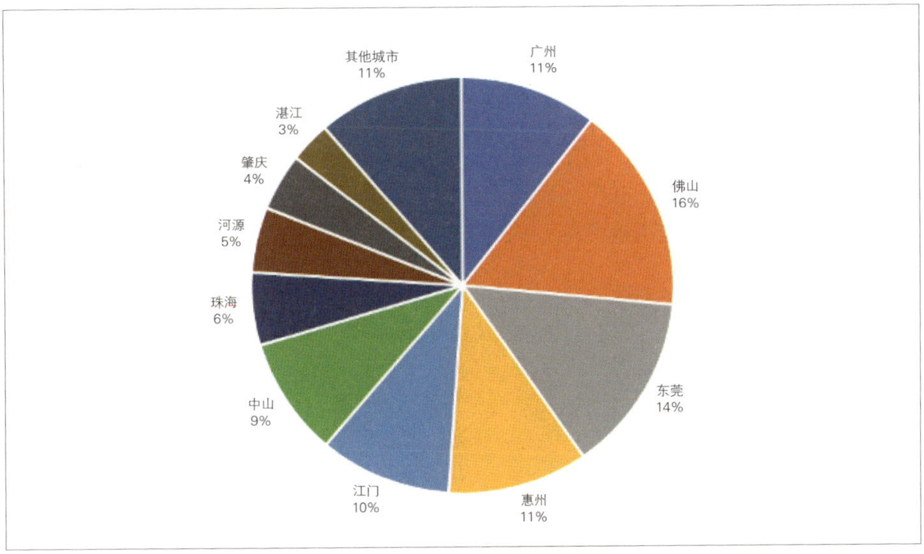

图 3-2　2018 年“FIT 粤”科创先锋大赛参评企业的地域分布情况

（一）地域与行业特征

从区域分布看，本次大赛的参评企业遍布20个地市，来自珠三角的企业占比高达80%以上，佛山、东莞、广州、惠州是排名前四的企业来源地区，四地分别占16%、14%、11%、11%，过半的参评企业都来自这些地区（见图3-2）。

在行业分布上，参评企业分属制造业、服务业等30多个子行业，其中制造业占比约70%。在制造业企业中，计算机、通信和其他电子设备制造业以及电气机械和器材制造业的占比最高，分别占比12%和10%。此外，在非制造业行业中，软件和信息技术服务业的占比最高，为7%。科学研究为技术创新提供了智力支持，科技服务业在参评企业中也占据了一定的比例，如研究和试验发展占3%（见图3-3）。

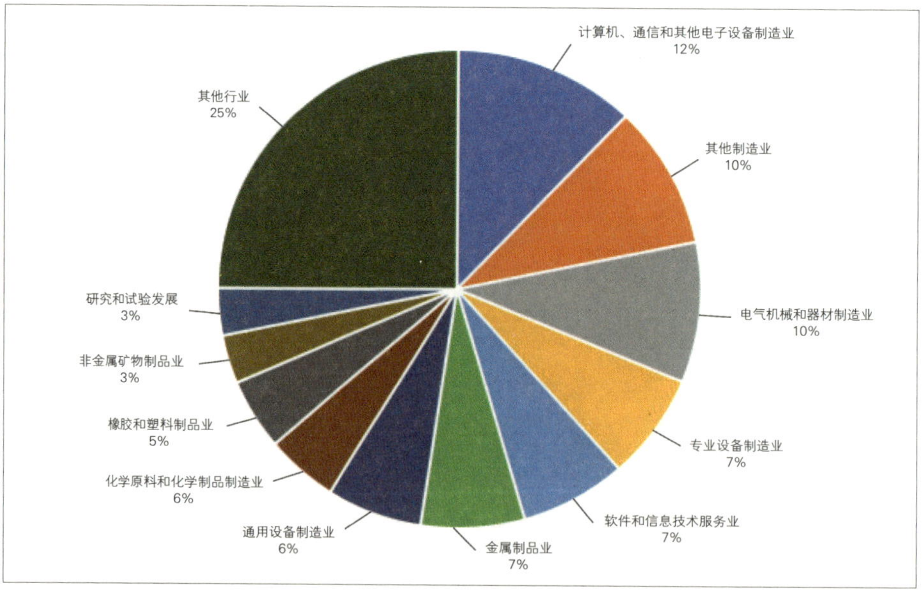

图3-3 2018年“FIT粤”科创先锋大赛参评企业的行业分布情况

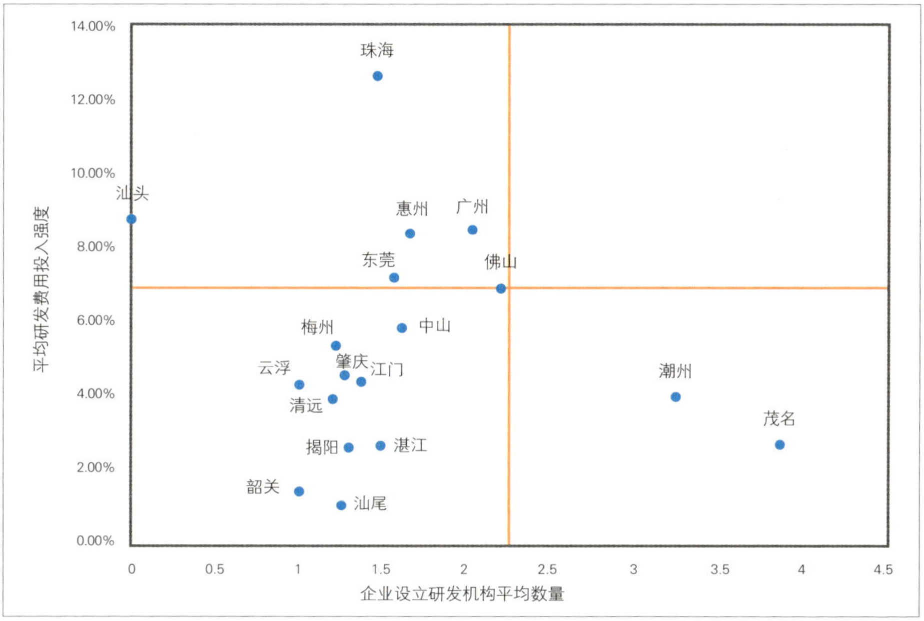

图 3-4　2018 年“FIT 粤”科创先锋大赛参评企业的区域创新投入矩阵

以企业设立研发机构的平均数量为横轴，平均研发费用投入强度为纵轴，构建各区域创新投入矩阵，以此描述各区域的创新投入情况。如图3-4所示，在第一象限内没有任何城市，说明广东省没有城市能同时拥有较多的研发机构和较大的研发投入，还没有一个地区能达到充足的创新投入。在第二象限的广州、惠州、东莞、珠海等地都有较高的研发投入强度，但仍需继续努力建设更多的研发机构。企业研发机构不仅仅是一个企业自主创新核心竞争力的源泉，同时也是企业推动行业进步，让整个产业持续发展的重要平台，对协同创新具有“搭台”“外扩”“里应”的作用。在第四象限的潮州和茂名已拥有较多的研发机构，今后应加大研发资金的投入。绝大多数企业都处在第三象限，研发强度和研发机构都存有不足。由此得出，广东地区，特别是珠三角地区，应在研发的资金投入和基

■柔宇全球首条类六代全柔性显示屏产线内的高度自动化设备（鲁力摄）

■嘉腾机器人最新自主研发的移动机器人 AGV“小黄蜂”已获得美国移动机器人核心发明专利（戴嘉信摄）

础设施投入上加大力度，推动区域创新能力走向新台阶。

（二）产业特征

以国家发展改革委发布的《战略性新兴产业重点产品和服务指导目录（2018年）》为标准，大赛根据参评企业的主营业务、特色产品和服务进行产业划分，在1497家参评企业中，有传统产业271家，战略性新兴产业1226家，分别占比18.10%和81.90%。如图3–5所示，与前两届大赛相比，新一代信息技术产业（510家）、高端装备制造业（256家）、新材料行业（188家）等具有核心地位的战略性新兴产业占比明显提高。节能环保产业（90家）和相关服务业（89家）也实现了突破，这进一步表明了大赛在战略性新兴产业中具有高度的影响力。此外，参

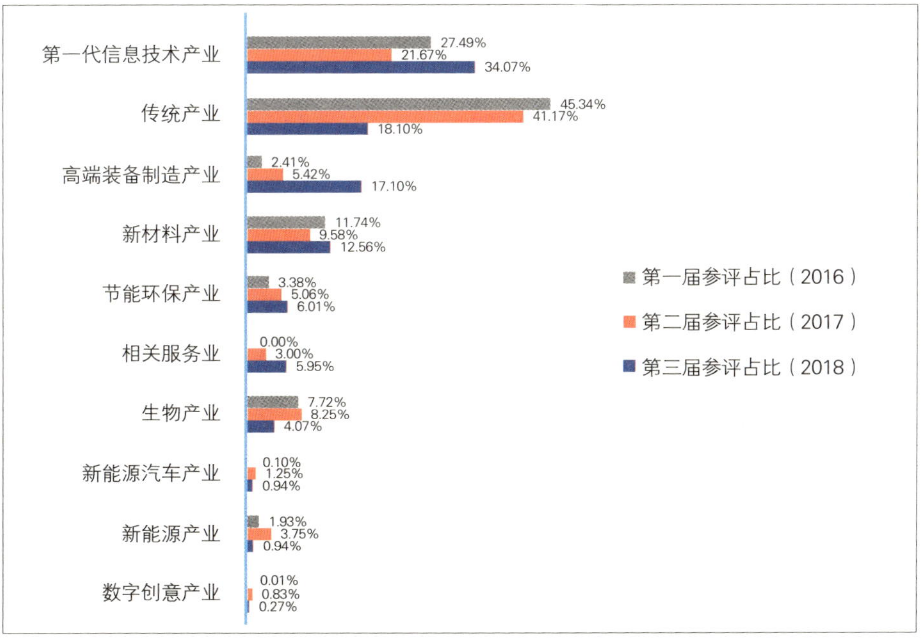

图 3–5　2016—2018 年“FIT 粤”科创先锋大赛参评企业的产业分布情况

评的主要企业多数是科创板支持的企业，经过比赛的选拔，有助于为科创板的发展输送更多的更强的创新企业，成为科创板的创新源泉。

此外，不同产业的创新投入和创新产出不同。为了更好的分析各产业的创新投入产出情况，我们以该产业平均研发投入强度代表创新投入，以该产业的平均授权发明专利代表创新产出，以此做出参评企业的产业投入产出矩阵。如图3-6所示，首先，新能源汽车产业在创新方面表现最好，创新投入和产出都非常高，相似的还有第一象限的高端装备制造产业和新一代信息技术产业。其次，大多数行业都处于第四象限，创新投入较多，但创新的专利产出不足。例如：传统产业、新材料产业、节能环保产业、数字创意产业等这些企业应该从多角度推动企业创新，而不仅仅停留在资金的投入上。生物产业和新能源产业处于第三象限，无论是创新投入还是创新产出都处于较低水平，亟待提升整体科技创新实力。

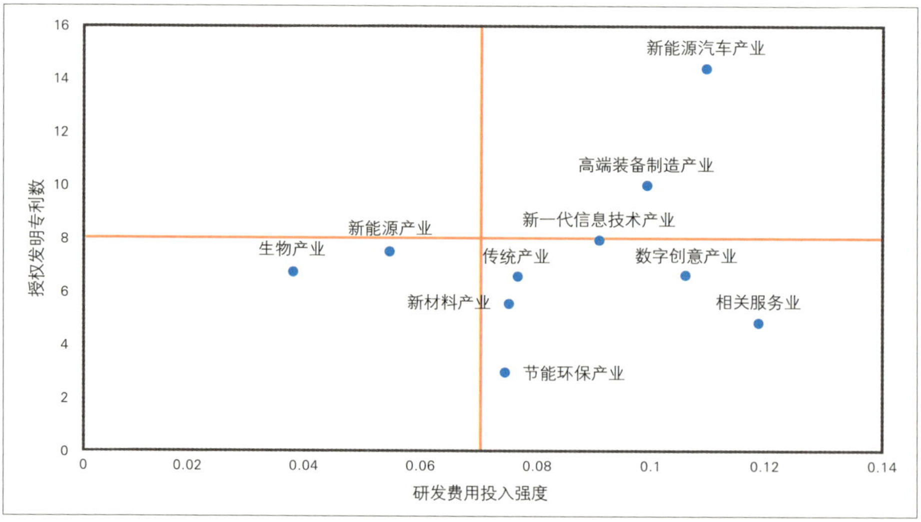

图 3-6 2018 年“FIT 粤”科创先锋大赛参评企业的产业创新投入产出矩阵

（三）创新投入特征

广东省各战略新兴产业的研发资金投入和人员投入表现出一定的一致性，体现在平均研发费用投入强度和平均研发人员比重两条折线有相似的发展趋势。如图3-7所示，从总体来看，数字创意产业的研发人员比重最高，生物产业的研发人员投入略微不足；相关服务业的研发费用投入强度最高，生物产业和新能源产业的研发费用投入强度则相对较低。

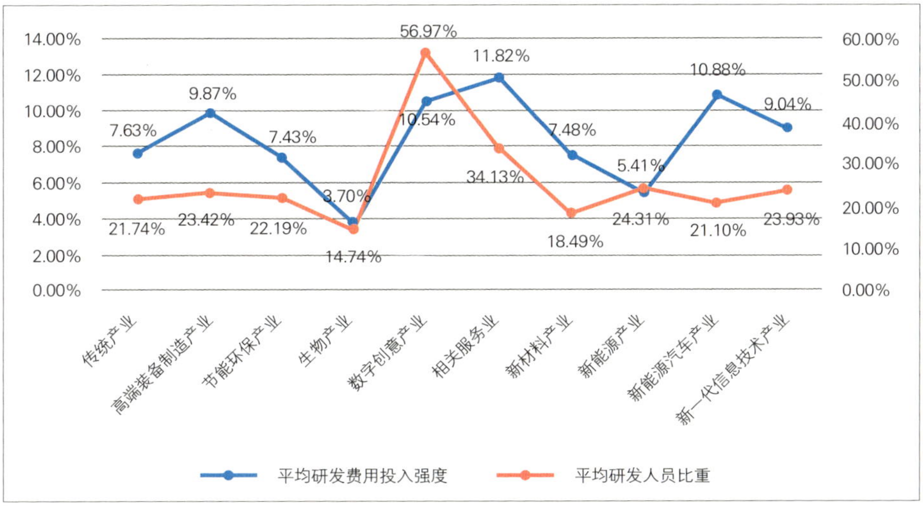

图 3-7　战略新兴产业创新投入情况

（四）创新产出特征

在战略性新兴产业的创新产出方面，主要关注企业近五年平均授权发明专利数和产业企业平均利润率。如图3-8所示，专利发明方面，表现较好的是高端装备制造产业和新能源汽车产业，体现了广东作为国家重要的经济大省和新能源汽车试点省份其新能源汽车发展基础雄厚。产业平均利润率方面，表现较好的是数字创意产业和高端装备制造业。这

■位于生物岛广州赛莱拉干细胞科技股份有限公司的华南细胞与干细胞测试分析中心（肖雄摄）

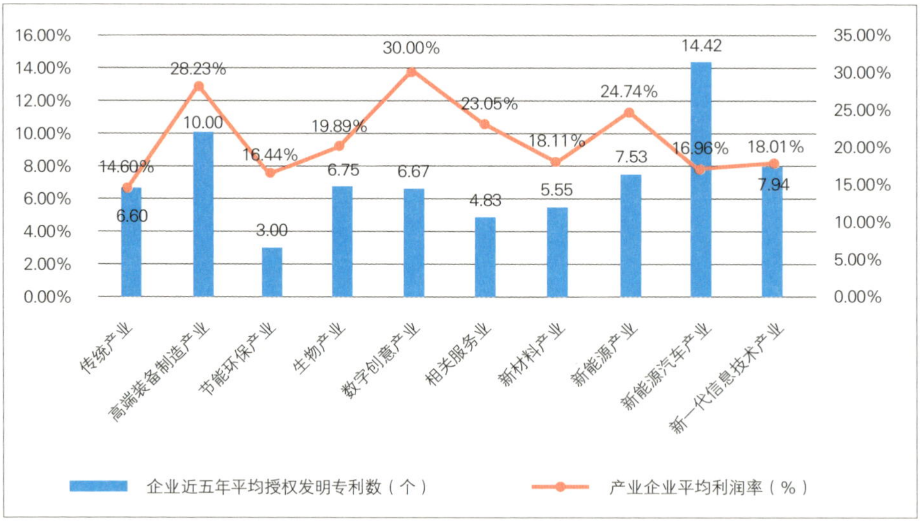

图 3-8 战略新兴产业创新产出情况

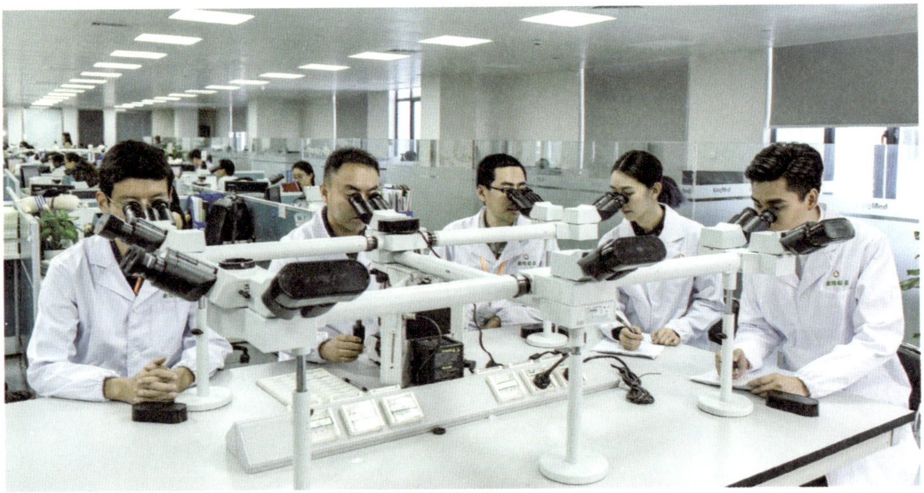

■生物岛广州金域检测科技股份有限公司病理诊断中心（肖雄摄）

说明高端装备制造产业的创新的确成为了推动产业利润率增长的重要手段。相较之下，传统产业、相关服务业的产业平均利润率仍不算太高，

■万和电器自动化生产线使用多台智能机器人协作生产（戴嘉信摄）

亟待完成产业升级转型。

此外，节能环保产业在两大指标上表现欠佳，特别是发明专利授权数量落后于其他战略新兴产业，其自主创新能力亟需进一步提高，发挥产业拉动绿色经济发展的潜力。

肆 粤港澳大湾区与世界级湾区的创新对比研究

世界上知名海湾有数千个，知名海湾城市有几百个，但迄今为止真正具有国际战略地位、对世界经济产生重要影响的湾区，举世公认的只有东京湾、纽约湾和旧金山湾三大湾区。调研组通过将粤港澳大湾区与世界三大湾区进行对比，研究世界级湾区在科技创新发展方面的异同，探讨粤港澳大湾区建设国际科技创新中心的机遇和挑战。

（一）国际科创中心是世界级湾区的共同特征

对比研究发现，无论全球科技创新中心如何演进，世界三大湾区始

表 4-1　2017 年世界四大湾区主要港口吞吐量及排名情况

世界排名	港口名称	2017 年（万 TEU）	增速（%）
3	深圳	2521	5.1
5	香港	2076	4.8
7	广州	2037	8.1
22	纽约—新泽西	671	7.3
29	东京	505	6.8
42	东莞	391	7.5
43	佛山	391	21.5
59	横滨	293	5.4
77	奥克兰	242	2.2
80	珠海	227	37.3

（数据来源：中国港口协会）

■行驶在伦敦街头的比亚迪纯电动大巴（鲁力摄）

终处于中心位置（见表4-1）：旧金山湾区从“淘金胜地”转变为“科技硅谷”，纽约湾区成为“金融中心+科技创新中心+创意文化中心”，东京湾区转型为“先进制造中心+科技创新中心+金融中心”。这些湾区成为世界500强、创新公司、研发资源和专利密集区，始终引领着科技革命，也必将是粤港澳大湾区成为“世界级湾区”的必经之路。

1.创新型是湾区经济的标识符

旧金山是三大世界级湾区中的后起之秀，但凭借苹果、谷歌、特斯拉、Facebook等一批世界级互联网公司，以最小的湾区面积实现了最高的人均地区生产总值，特别是随着硅谷的迅速崛起，贴上了“科技湾区”的显著标签。

目前，学界主流观点认为，经典湾区的形成包括四个阶段，主要是港口经济、工业经济、服务经济和创新型经济阶段。三大世界级湾区均已迈入创新经济阶段，一体化发展进入良性互动。

中国综合开发研究院数据显示，纽约湾区、旧金山湾区专利授权数分别占美国全国专利授权总数的4.4%和14.4%；《财富》公布的世界企业500强名单中，纽约、旧金山、东京湾区分别有28、22和60家企业上榜。

由此可见，创新已成为湾区经济发展的核心驱动力，无论是以金融创新为代表的纽约，还是被誉为科技创新摇篮的硅谷，都可以看到这一点。广东省政府参事、省委党校教授陈鸿宇认为，国际一流湾区还需要具备有国际影响力的大都市连绵群，拥有超级大港口群而非单一的港口，同时拥有强大的产业集聚圈。

纵观三大湾区产业发展史，它们的加速发展都抓住了特殊的发展机遇。

东京湾区、纽约湾区的发展都与第二次工业革命密切相关。其中，东京湾区形成了京滨、京叶两大工业地带，钢铁、石油化工、现代物流、装备制造和高新技术等产业十分发达。纽约湾区金融、文化、机械制造、军工、石油、制药和食品加工等产业实力雄厚，是全球重要的金融中心、制造中心。

而旧金山湾区则于第三次技术革命中站在潮头，以硅谷为核心的高新技术产业集聚区奠定了其成为世界级湾区的地位，并至今引领着全球信息技术创新潮流。

目前，三大湾区已经顺利进入服务经济和创新经济阶段，它们的第三产业比重均超过80%。

2.开放性带来多样性和创造力

世界级湾区的创新力是如何形成的？调研显示，开放性是重要因素。以旧金山为例，旧金山湾区委员会经济研究所前所长、高级主管肖恩·伦道夫认为，开放和包容性是旧金山发展成为世界级湾区的重要原因。旧金山有着全球文化共生的自由环境，创新自然就会出现。这与日本东京经济大学的周牧之的观点不谋而合，他认为，东京湾区发展经验中最重要的一点，就是开放带来的多样性和创造力。

从地理环境看，世界三大湾区在开放性上具有得天独厚的优势，都是依托世界级港口群，背靠广阔腹地。以旧金山湾区为例，2016年一项调查显示，仅在硅谷公司最集中的圣克拉拉和圣马特奥两个县，出生在美国境外的居民就超过100万人，占当地人口的38%。在25岁至44岁的主要就业年龄组中，67%来自国外。一份美国独角兽公司的榜单中，半数以上企业由出生在美国境外的移民所创办，其中，总部在硅谷的有13家。

开放型经济体系和包容的移民文化为旧金山湾区集聚了丰富的要素资源。旧金山大学的邝铁诚教授认为，加州是一个开放、自由，包容性极强的移民城市。任何文化背景的移民都可以快速融入进去，这种包容的文化环境有力促进了湾区的经济发展。

（二）高端科创要素资源四大湾区各有优劣

“湾区经济”已被视为全球经济发展的重要增长极。实际上，粤港澳大湾区在多个经济指标上已经超过或者接近世界三大湾区，其2016年的经济增速更是其他三个湾区的2—3倍。本部分对标世界三大湾区，探讨粤港澳大湾区的科创资源的优势和短板。

1.研究型大学是科技创新助推器

在三大世界级湾区的创新发展历程中，世界级高校均发挥了知识创新源泉的作用。比如，旧金山湾区有斯坦福大学、加州大学伯克利分校，掀起全球电子科技创新风潮；纽约湾区有纽约大学、普林斯顿大学，造就世界金融、军工和制药中心。

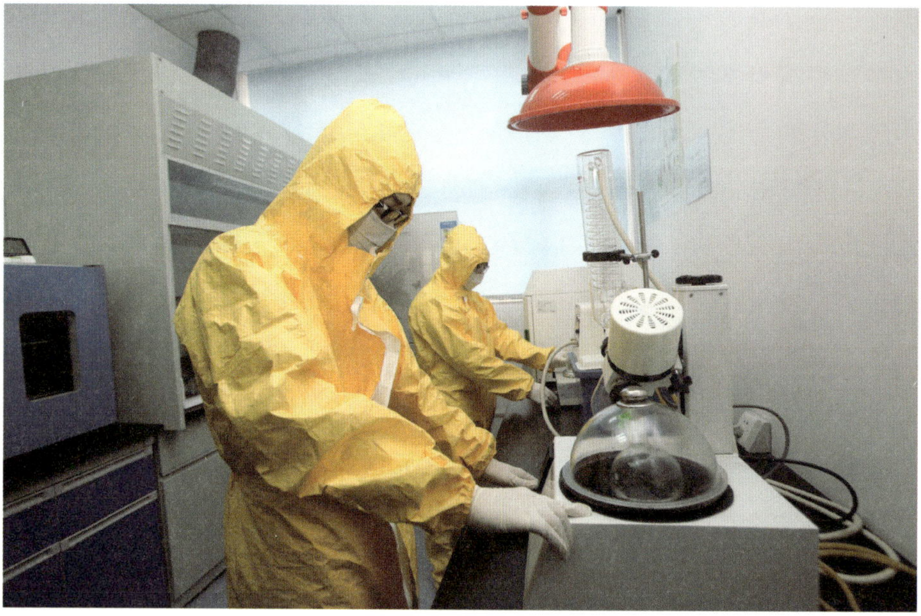

■华讯方舟科研人员进行化学实验（朱洪波摄）

调研发现，在过去数十年，斯坦福工业园成为全球创新者的热土，斯坦福大部分教授都有自己的公司。在贯穿硅谷的101号高速公路上，苹果、惠普、升阳、英特尔、IBM等龙头企业集聚发展，电子信息、宇航设备、人工智能等高科技产业快速崛起。

与西岸“硅谷”遥相呼应的东岸“碳谷”，是美国制药业最发达的地区，而普林斯顿大学则是纽约湾区医药创新的重要发源地。在这里，在校学生与企业开展实验合作，技术的突破将为合作企业带来新收益。例如，药企BMS同普林斯顿大学联合进行技术项目攻关，其中化学系的一项催化反应结构就得到企业采用。

业界和学界都普遍认为，两大湾区的创新力源自于丰富的研究型大学资源。统计显示，旧金山湾区拥有5所世界级研究型大学，包括斯坦福大学、加州大学伯克利分校、加州大学戴维斯分校、加州大学旧金山分校、加州大学圣克鲁兹分校，其中2所进入世界100强。纽约湾区拥有58所大学，其中纽约大学、哥伦比亚大学、康奈尔大学、耶鲁大学、普林斯顿大学等国际著名学府集中于此。

美国科学院院士、普林斯顿化学系教授约翰·格鲁夫斯认为，大学对人才的巨大吸引、对基础研究的长期积累、对知识氛围的塑造作用，是任何东西都无法比拟的。专家提出，目前粤港澳大湾区缺少世界级研究型大学，这可能会限制粤港澳大湾区成为创新中心和全球中心的能力。

从科技支撑来看，粤港澳大湾区缺少世界级研究型大学，仅香港拥有4所国际性大学，广州拥有中山大学、华南理工大学等国内知名高校，而创新产业集聚的深圳高校实力相对较弱；从服务支撑来看，粤港澳大湾区第三产业占比仅为62%，与三大湾区差距较大。

但是另一方面，粤港澳大湾区的产业（见图4-1、图4-2），尤其是

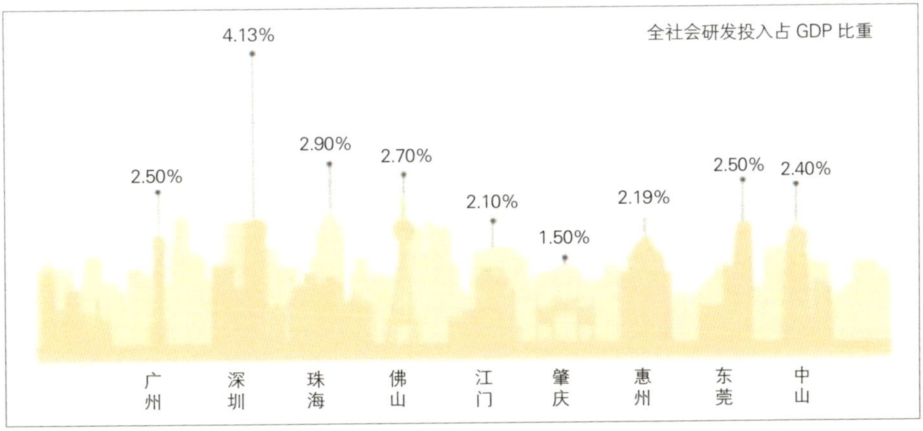

图 4-1　2017 年珠三角 9 市全社会研发投入强度对比

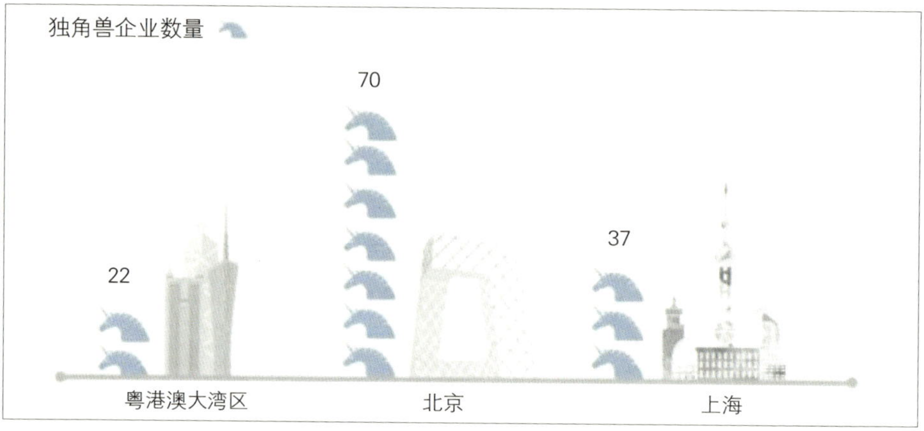

图 4-2 全国三大科技中心：粤港澳大湾区与北京、上海三大科技中心独角兽企业数量对比（科技部火炬中心《2017 年独角兽企业发展报告》）

制造业的创新和转型，很可能是全球未来的发展方向。这里的创新兴盛于大量运作高效、触感敏锐的企业，最终形成强大的产业动能。

2.“科技+产业+服务”构建创新闭环

创新发展并非有世界名校“加持”就够，还需要“科技+产业+服务”的完整布局，紧密连接起各环节的交流协作。在《硅谷之谜》一书中，硅谷投资人吴军经过分析比对论证了这一点。以“128号公路”闻名于世的波士顿地区曾是全球高科技产业中心之一，其拥有哈佛大学、麻省理工学院等世界知名的50多所大专院校，技术及人才储备比肩硅谷。但在20世纪80年代后，这里没能再诞生一家《财富》全球500强企业，而同期硅谷却诞生了思科、雅虎、eBay、谷歌、特斯拉和Facebook等世界行业龙头。

东京湾区则更好的证明了这一点。日本在二战后规划布局了两个大型临海工业地带——由东京向西发展的京浜工业地带，向东发展的京叶工业地带，集中了钢铁、有色冶金、炼油、石化、机械、电子、汽车、

■北京汽车绅宝智道在广州增城生产基地下线（肖雄摄）

造船、现代物流等产业，如今已成为全球最大的工业地带。

东京大学教授丸川知雄认为，东京湾区的迅速发展，正得益于清晰、完善的全球化制造业布局。东京本身也是创新产业高度集聚，但仅有大学和科技中心，没有产业，同样无法实现创新。

当前，全球创新网络已经发生了结构性转变。亚洲经济研究所新领域研究中心副主任研究员丁可认为，传统的创新网络是金字塔结构，知识和资源从大企业单向流入中小企业，呈单一线性；但经济进入创新驱动阶段后，创新网络应该转变为葡萄串结构，呈闭环模式。一方面是创新主体多元化，大型企业、中小企业、政府、大学、科研机构、孵化器、金融机构都成为创新闭环中的重要部分；另一方面是空间地域高度集中，闭环内各环节之间的交流协作实现无缝对接。

最终，正是这种全球化的“科技+产业+服务”布局，推动世界级湾区形成强大的科技产业创新闭环。

如今，全球科技产业创新风口下，粤港澳大湾区锋芒初显。世界知识产权组织发布的《2017全球创新指数报告》曾评选出全球100个科创聚落，粤港澳大湾区入围2个。其中，“深圳—香港”地区以数字通信为主要创新领域在全球创新集群中排名第二，其创新力超越排名第三的硅谷，仅次于东京湾区。

《粤港澳大湾区与世界三大湾区创新能力对比研究》也显示（见图4–3），2017年东京、纽约、旧金山三大湾区发明专利申请量分别是2.2万件、1.2万件和3.5万件，而粤港澳大湾区发明专利申请量超过17.6万件，超过其他三大湾区总和。在前20名发明专利申请领先机构中，粤港澳大湾区共有华为、中兴、腾讯等11家机构上榜。

粤港澳大湾区如何利用现有优势打造好世界级湾区？斯坦福大学教授崔屹建议，一方面粤港澳大湾区要善于利用好香港几所世界级名校的创新资源，推动大湾区内高校间加强合作，并逐步推动中山大学、华南理工大学发展成为中国顶级乃至世界级优秀大学，促进大学与科技创新、经济建设深度融合。另一方面，粤港澳三地要敢于作为，借鉴旧金山湾区政府、大学、企业共同成立产业联盟并进行关键技术研发的经验，建立粤港澳重大技术联合研究中心。

粤港澳大湾区可借鉴纽约湾区的经验，尝试政府主导支持基础科学长期研究、企业主导进行应用创新短期研究的模式，实现基础科学创新和产业化创新“双赢”。

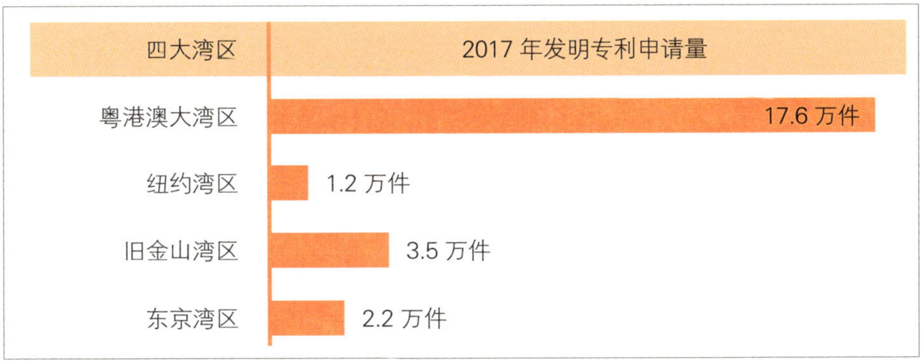

图 4-3　四大湾区 2017 年发明专利申请量对比(《粤港澳大湾区与世界三大湾区创新能力对比研究》)

（三）对标国际，打造粤港澳大湾区金融创新支持体系

通过调研世界级湾区金融中心发现，金融总部已成为湾区标配。在大洋彼岸的旧金山湾区，依靠风投与资本市场双引擎，孵化出让全球经济提速的创新火种，打造出硅谷独有的科技金融生态圈。

当前，经济规模远超过世界三大湾区的粤港澳大湾区，已具备建成国际一流湾区的基础和条件，但仍面临如何整合金融总部资源，增强金融竞争力的挑战。

1.引入金融配套企业，激活金融生态圈

一个有利于金融业发展创新的金融“生态圈”是怎样的？硅谷银行首席执行官格雷格·贝克认为，它需要政府、风投、高校、法律体系、财务管理等多方面力量的支持。在英国英中商会会长吴克刚看来，金融配套企业专业化、细分化正是成熟金融“生态圈”的标志之一。

相应地，提升金融配套企业的数量和质量，形成优质的金融“生态圈”，可为广东在吸引国际金融机构时增添不少筹码。

这其中有两类机构最重要，分别是会计师事务所和律师事务所。目

■第 20 届高交会华为虚拟智慧城市展台，带领观众感受未来城市的超前体验（朱洪波摄）

前，广东在会计师事务所、律师事务所等金融配套领域的发展已走在全国前列，金融“生态圈”也正逐步完善。数据显示，截至2018年1月，广东省律师事务所和律师会员数量居全国首位；会计师事务所数量位居全国第二。

从目前来看，在科技金融等新兴金融领域，相关配套企业还未成熟，广东仍然缺少进行科技成果价值评估的专业机构。吴克刚建议，广东在引入大型金融机构时，有针对性大批引入急需金融配套企业，以增添金融业整体活力。

2.引入金融机构加快产品创新，借国际经验补足金融短板

一直以来，广东科技金融产品主要以传统的资产抵质押贷款为主，与科技型企业的轻资产等特点不相适应。硅谷银行在美国的运营模式，

可为广东银行业“投贷联动”产品创新提供一些灵感。

调研显示，目前硅谷银行向科技企业提供的支持，有99.5%是通过贷款来完成的。提供的大部分贷款大多是通过权益获得的，如认股权证或股票期权。在决定是否向科技企业贷款时，硅谷银行侧重考量“谁是它的风投”等因素，并以此决定提供怎样的贷款结构和贷款规模。

创新的金融产品也为普惠金融的发展打开一扇新的大门。在美国，以基于温度的期货合约为代表的天气金融衍生品，是带动更多金融资源投入“三农”领域的样本。美国企业和农户使用金融衍生品来管理天气风险，以保护自己免受或减少由于不利天气导致的经济损失。

推动绿色金融创新，则是解决绿色发展问题的方式之一。按照《广东省环境保护“十三五”规划》，到2020年，珠三角地区将率先建成国家绿色发展示范区。

绿色经济发展需建立可持续的发展机制。广东要有良好的绿色环保项目，汇集市场资金；良好的交易平台，促进资金的流动性发展。广东要加大对绿色环保项目的开发力度，推动绿色产业走进金融市场。

3.将境外金融活水引入内地，实现经验共享多核共赢

调研发现，在美国东岸，纽约与波士顿构成了美国东部金融的“双轴”，英国、卢森堡、法兰克福和巴黎等老牌金融之城多足鼎立，又各具特色——多城市金融中心或将成为未来发展的趋势。

而在粤港澳大湾区，珠三角与港澳地区的经济合作中，“前店后厂”的模式由来已久，这种源于制造业的分工模式也可以在金融业的对外开放中借鉴。

在粤港澳大湾区的制造业发展中，“前店”往往指港澳地区，“后厂”指在珠江三角洲地区设立工厂，将珠三角地区的产品通过港澳销售世界各地。在金融领域，外资、港资金融机构借助在香港强大的机构平台作为“后厂”，在珠三角地区设立“前店”，为本土企业提供国际化的金融产品和服务。业界期待通过粤港澳大湾区的规划，将更多香港的金融服务引入内地，既能灌溉本土经济，又能为香港的金融机构打开更广阔的市场。

因此，粤港澳大湾区可以借助香港金融的优势，带动并提升大湾区的科创环境，在粤港澳地区发展起自己的金融中心。粤港澳大湾区可以实现经验共享、多核共赢，实现金融市场的一体化，利用香港有优势的地方，广州和深圳也可以节省一批建设成本。

随着企业“走出去”步伐进一步加快，当前企业对跨境金融服务综合化、便捷化的需求更加迫切。过去，跨境金融服务需以结算汇兑为主，如今衍变成集跨境融资、增信担保、现金管理等于一体的综合性金融服务需求，并对跨境金融服务的效率提出了更高的要求。

对于粤港澳大湾区而言，金融开放面临挑战也存在机遇，亟待政策支持。有观点认为，粤港澳大湾区金融发展需要解决的最大问题在于：港澳和内地之间资金、人员、物流如何打通。目前，三地之间的人员、资金和货物流通还存在一定的障碍，要把区域的优势结合起来，要全方位对外开放，面临的挑战也不小。福特汉姆大学金融学助理教授王宝链认为，广东可以利用自贸区试点推动银行账户开放，让资金在大湾区内更自由地流通。事实上，2017年9月，广东省发布了《关于进一步推广使用NRA账户的通知》，明确在广东进一步推广使用NRA账户（境外机构境内银行结算账户）。广东正在顺应市场需求，探索金融资产管理公司不良资产跨境转让、银行贸易融资资产跨境转让、境外主权机构办理“两优贷款”等业务突破，推进与自贸区相适应的账户体系由NRA向“NRA+”发展。

伍 大湾区背景下企业创新面临的问题和挑战

在调研中，我们也看到在科技创新效率和科技产业发展质量上，粤港澳大湾区与世界已有的湾区相比还存在相当大的差距。大湾区高端创新人才集聚度低，世界级基础性、前沿性研究平台缺乏；腹地的广东制造业总体上大而不强，产业协同新一体化程度不高，尚处于全球产业链、价值链、创新链的中低端；科技创新与产业结合不紧密，科技产业基础薄弱，缺乏世界级领先科技创新企业。究其原因，既有区域内科技创新资源匮乏等客观条件制约，也有体制、机制等创新环境和政策等方面引导和培育问题。其引发的一系列深层次问题，将深刻影响粤港澳大湾区国际科技创新中心形成与发展。

（一）科技创新人才储备不足

对比国际一流湾区，粤港澳大湾区高水平大学、科研院所和重点实验室的总体数量偏少，地域分布不均衡。美国旧金山湾区拥有斯坦福、加州伯克利等20所世界著名大学，苹果、谷歌、Facebook、特斯拉等巨头企业的全球总部都位于此，仅谷歌就吸引了6000余名中国优秀人才。大湾区腹地的广东仅2所高校和5所高校的18个学科入选国家“双一流”高校名单，这和广东作为全国经济第一大省的体量相比，数量偏少。而香港虽拥有多所世界一流高校和科研机构，但难以与产业创新要素结合，且尚无进入世界200强的高校和较高等级的国家实验室。在36所一流大学建设高校（A类）中，广东在至少28所高校就业流向中位列全国前三，这一方面体现广东对高学历人才的强大吸引力，另一方面也体现广东自身高学历人才培养距离产业和科研需求仍有巨大缺口。

高水平国际化人才集聚效应较弱。以中国科学院院士为例，广东省21人，位居全国各省（市）第六位，只相当于北京的1/20，上海的1/5，江苏的1/2，少于湖北省（25人）、陕西省（23人）。

从人才引进政策看，广东省各市对引进创新型人才的差异化程度有待提高，人力资本配置还具有较大优化空间。

根据《规划纲要》对各个城市的定位，广州需要引进商贸型、城市管理型创新人才；深圳需要综合创新人才；珠海、佛山等其他次级城市需要根据自身优势产业引进相应的创新型人才。但实际上，各城市并未差异化引进各自需要的创新型人才，导致有些城市招不到自己需要的人才，有些城市则无法提供足够的相应岗位，进而导致人才资源错配。

（二）产业协同创新程度不高

粤港澳大湾区创新腹地的广东制造业总体上大而不强，产业协同创新一体化程度不高，尚处于全球产业链、价值链、创新链的中低端。

从产业环节看，近年来，广东的装备制造和先进制造业比重不断提升，牵引大湾区产业升级。2019年第一季度，广东的先进制造业增加值同比增长6.9%，占规模以上工业的56.6%；高技术制造业增加值同比增长9.6%，占规模以上工业的32.1%。

然而，就总体情况而言，广东的传统制造业仍占较大比重，为数众多的中小企业的自动化、信息化水平仍然较低。由于企业规模、行业特点、成本效益等方面的原因，产业升级速度仍难以跟上世界产业变革的步伐，在成本端面临东南亚等地的竞争，在品牌端又面临国外知名品牌的挤压，发展空间受限。对于大湾区的科创企业来说，通过技术赋能制造环节带动自身发展的趋势仍不明显，亟待向产业中上游延伸。

从产业布局看，各市创新产业的互补性和协调性有待加强。为了经济体量或财政收入提升而非城市产业长远布局的项目竞争仍在部分城市存在，以行政区划分特征的经济形态有待进一步打破，各市创新产业的同质化现象比较严重，相互协调、相互支撑的产业发展格局尚待形成。

（三）科创要素流动不畅

粤港澳大湾区已有的产业基础条件与资源禀赋状况和特点表明，大湾区国际科技创新中心建设与发展机遇与挑战并存。纵观国际科技创新中心的兴起、更替与多极化，本质上是科技革命、制度创新、经济长

■ CES（国际消费类产品电子展览会）的参展观众正在体验柔宇 3D 移动影院 Royole Moon（鲁力摄）

■光启研发的超材料隐身衣（鲁力摄）

波等时间与空间因素相互交织与演变的结果。不同时期、不同区域的要素条件和资源禀赋差异，使得国际科技创新中心的形成模式和路径也呈现出多样性的特征。粤港澳大湾区"一国两制三种税制"的独有制度环境、创新资源禀赋特点以及产业基础条件，使其科技产业的发展也面临着特有的问题。在全球创新、跨界创新、跨际超越创新、逆淘汰等日益涌现的科技创新发展新趋势下，粤港澳大湾区国际科技创新中心的建设，既不能简单模仿美国旧金山湾区"科技（辐射）+产业（网络）+制度（环境）"的全球创新中心形成模式，也难以复制战后日本"工业（集群）+研发（基地）+政府（立法）"的"东京模式"。

在经济、科技日益全球化的今天，创新全球化的趋势日益明显。美国硅谷、英国剑桥、以色列特拉维夫等国际知名科技创新中心都在采取多项措施吸引各种创新要素，积极抢占全球科技创新和高技术产业发展新的战略制高点。广东在创新驱动发展过程中，诞生了一批如大疆、柔宇等原生全球化创新型企业；美的、光启等企业通过并购整合全球创新资源，开始主导构建合作创新组织、全球创新共同体，搭建全球创新网络布局。但整体上，区域与国际间的科技创新合作实际上更多表现为国内资源市场向国际市场的开放，即外资企业凭借先进的研发优势、强势的品牌效应等对国内市场形成强有力的冲击；同时，具有先发技术优势的发达国家及国际垄断企业不断对中国企业创新发展设置障碍甚至技术封锁，使得中国企业难以获得高端创新资源，甚至出现高端创新资源流出、低端资源流入的“逆向转型升级现象”。另一方面，在大湾区内部，港澳与珠三角的科技合作在人才、资金、技术、设备、知识产权保护、资质认证等创新要素的流动上还存在诸多体制障碍。上述这些，严重阻碍了大湾区依托国际创新资源的“创新杠杆”突围“创新困境”。

（四）世界级科创企业数量不足

当前，粤港澳大湾区科技创新与产业结合不紧密，科技产业基础薄弱，世界级领先科创企业相对较少，密度不高。

一方面，是香港创新科技实力的相对减弱。20世纪80年代香港传统制造业北移后，香港整体产业向房地产和金融集聚，对创新科技产业的发展产生了显著的挤出效应。2016年香港创新科技产业的增加值占本地生产总值的比例仅为0.7%，科技产业规模偏小。2006年香港的专利申请数为14310项，2016年增长到14854项，10年间香港专利申请数无较大增长，而且和粤港澳大湾区其他城市相比，专利申请及授权数量偏低，增速偏缓。

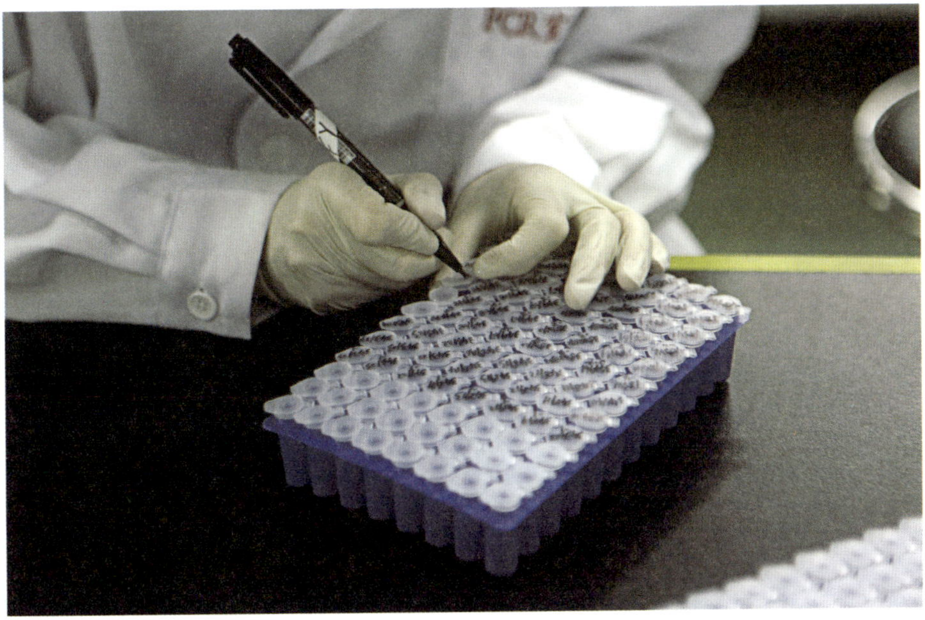

■华大基因无创产前基因检测样本实验室正在实验中（朱洪波摄）

另一方面，除深圳外，珠三角其他城市的科创企业普遍规模较小，市场影响不足，特别是缺少世界级科创企业。

从2018年世界500强名单来看，在中国上榜的120家企业中，粤港澳大湾区共有20家，广东上榜12家集中于珠三角。在行业上除了华为、腾讯等少数企业之外，大部分集中于金融、地产等领域，除了华为在电子通信领域属于世界级企业之外，其行业影响力基本限于国内或东亚地区。在500强之外，除了华大基因、大疆、比亚迪等在相关领域逐步建立了技术“护城河”和行业优势外，和旧金山湾区、纽约湾区等世界级湾区相比，珠三角区域具有全球影响力的科技创新企业数量仍旧偏少，竞争力偏弱，特别是在健康医疗、生物化学、航空航天、媒体社交等领域仍缺少具有世界性影响力的科创企业。

■比亚迪研发的“云轨”（朱洪波摄）

（五）基础性、前沿性研究支撑性不足

2018年，广东省区域创新综合能力排名蝉联全国第一，全年预计研发经费投入超过2500亿，有效发明专利量、PCT国际专利申请量及专利综合实力连续多年居全国首位。但是在科研创新中，广东的基础研究存在较大短板。

2017年，广东省基础研究经费为109.42亿元，仅占研究与试验发展（R&D）总经费的4.23%，低于全国5.2%的平均水平，与北京的14.22%和上海的7.4%相差甚远。基础和应用基础研究力量不足，重大原创性成果较少。

建设建成全球科技创新高地和新兴产业重要策源地。目前，与世界三大湾区等发达区域相比，珠三角在内的大湾区的科研实力和高技术产业实力仍属短板，这特别体现在基础性、前沿性研究支撑性不足上。

在平台方面，截至2017年底，广东共有28家国家重点实验室，数量排名全国第四，和北京、上海相比差距明显（见图5-1）。目前，国家超级计算广州中心、深圳中心、中微子二期实验室、国家加速器驱动嬗变装置和强流重离子加速器装置等一批国家大科学装置正在加紧建设，但距离成规模推出具有世界影响力的研究成果仍有待时日，特别是在高端人才集聚、平台运转体制机制创新、成果转化渠道等方面需要进一步探索创新。

在企业方面，广东企业主要开展需求导向的应用基础研究（见表5-1），但面临经费投入受经营压力限制、缺少运行经费支持、申请竞争性基础研究项目难，以及难以形成专门的基础研究队伍、人才缺乏等问题。以工业企业为例，2017年，全省规上工业企业中，35.6%有R&D活动，经费支出为1865.03亿元，占主营收入1.39%。

基础研究具有投入多、周期长、见效久、带动性强等特点， 美国

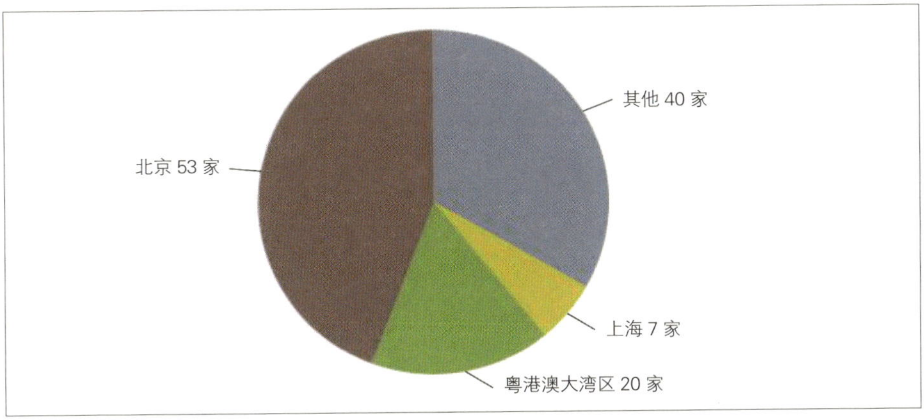

图 5-1 世界 500 强里的中国企业分布（全国 120 家上榜）

等国家的实践表明，以政府财政为引导，再加以企业等社会资本共同投入，是保障基础研究有效开展的必要前提，从这方面看，广东基础研究的政府财政支撑力度亟待加强。

表 5-1　2017 年各地区研究与试验发展（R&D）经费情况（不含港澳台地区）

全国及各地区	R&D 经费（亿元）	R&D 经费投入强度（%）
全　国	17606.1	2.13
北　京	1579.7	5.64
天　津	458.7	2.47
河　北	452.0	1.33
山　西	148.2	0.95
内蒙古	132.3	0.82
辽　宁	429.9	1.84
吉　林	128.0	0.86
黑龙江	146.6	0.92
上　海	1205.2	3.93
江　苏	2260.1	2.63
浙　江	1266.3	2.45
安　徽	564.9	2.09
福　建	543.1	1.69
江　西	255.8	1.28
山　东	1753.0	2.41
河　南	582.1	1.31
湖　北	700.6	1.97
湖　南	568.5	1.68
广　东	2343.6	2.61
广　西	142.2	0.77
海　南	23.1	0.52
重　庆	364.6	1.88
四　川	637.8	1.72
贵　州	95.9	0.71
云　南	157.8	0.96
西　藏	2.9	0.22
陕　西	460.9	2.10
甘　肃	88.4	1.19
青　海	17.9	0.68
宁　夏	38.9	1.13
新　疆	57.0	0.52

（数据来源：国家统计局）

陆 进一步推动粤港澳大湾区科创企业发展的行动建议

依托湾区城市群建设全球科技创新中心，是当今世界城市、经济及科技融合发展的基本规律和客观趋势，是粤港澳大湾区城市群转型和高质量发展的必然要求。面向未来，针对粤港澳大湾区科创企业发展存在的制约因素，建议从以下五大方面进一步推动粤港澳大湾区科创企业发展，为国际科技创新中心的建设注入新的活力和动力。

（一）以体制机制创新为支撑，加速创新要素跨区域流动

资金流、人流、物流、信息流等创新要素的高效有序流动是大湾区科技协同创新发展的核心要素。粤港澳大湾区的“一国、两制、三个关税区、四个核心城市”的特殊性，在全世界湾区中独一无二，企业在这样一个丰富多元的区域开展科技创新工作，需要在协同合作上面临更多的考验。提高粤港澳大湾区的整体创新能力和关键核心技术的创造能力，为科创企业发展创造更加优越的条件，必须实现全湾区资源的有效集聚和一体优化配置，清理限制创新资源自由流动的体制与政策规定，建议探索建立有利于人才、资本、信息、技术等创新要素跨境流动和区域融通的体制体制保障。建议从以下几个方面率先寻求破题：

1.探索创新试点，建设粤港澳大湾区高度开放的“创新特区”，加速创新要素跨区域流动

在粤港澳大湾区选择多个标杆性园区，出台科技人才、资金、研发跨区域联动等优惠政策，实现创新要素一体化流动，以政策“特区”吸引粤港澳科研院所、公共技术平台、高校资源等集聚，从而推动科研力量从分散发展变为集群式发展，形成创新的规模经济优势。逐步形成以

“创新特区”为发展内核，辐射带动周边区域的创新生态系统。

2.关键环节发力，推动粤港澳大湾区内的产业、技术、人力等各项关键创业创新要素的自由便捷流通，满足企业创新发展的需求

在交通领域，加快研究解决粤港澳交通互联互通和快速衔接问题，统一规划建设以湾区为枢纽的城际一小时交通圈，跨境“无缝衔接”层次分明的大珠三角交通网络。在人才领域，共同制定粤港澳大湾区的国际化人才引进政策，发挥香港为“超级联络人”角色，引进高端科技人才，为创新人才提供各种国民待遇和优惠政策。在金融领域，进一步开放港澳资本准入和业务范围限制，促进国际优质创新资源向湾区聚集。

3.突出市场导向，组建重点领域的粤港澳大湾区企业创新联盟

以企业为主体，选择重点产业作为试点，通过“产、学、研、用”相结合的形式，推动大湾区中小企业的互联互通、合作交流，提升大湾区企业的创新研发与合作水平。建立产学研产业链上下游在信息资源及知识产权等方面的共享机制，建立与政府沟通的渠道及人才培养、国际合作的平台，充分把握大湾区发展机遇，促进粤港澳大湾区创新资源的链接和产业竞争力的提升。

（二）以“广深港澳”科创走廊为依托，构筑高质量发展新平台

当前，建设“广州—深圳—香港—澳门”科技走廊，是基于现实基础和发展需要的必然选择，有利于加快提升粤港澳大湾区新兴技术原创能力和科技成果转化能力，加强引智引技引资，拓宽国际科技交流合作，更深层次融入全球科技创新网络。建议以“广州—深圳—香港—澳门”科技创新走廊建设为依托，重点从三个方面构筑大平台，让更多中小型企业拥有创新“跳板”，助推粤港澳大湾区科技创新企业在新一轮

■汇兴智造的技术人员正在测试机械手写字程序（孙俊杰摄）

技术变革中实现更快速的发展。

1.打造粤港澳大湾区科技创新企业的综合服务平台

通过整合中介机构、智库等内外部资源，打造大湾区企业创新的综合服务平台，特别是依托港澳的现代服务业优势，系统引进优质企业服务机构，开拓与穗深港澳等知名高校多方位合作，开展科研成果转化创新合作试点，组建产学研转化平台和创新成果交易平台，培育一批技术转移服务示范机构，为粤港澳大湾区科技创新企业提供服务和支撑。

2.打造面向粤港澳大湾区企业的对接平台

打造香港与珠三角科技成果转移转化重要基地，加强与香港等城市在金融、会计、法律、市场推广、物流、设计、创新科技、专利授权等领域的深层次合作交流，加快产业转型升级。充分利用“互联网+”、

■拓斯达的技术工人在装配智能制造设备（孙俊杰摄）

大数据等新技术，面向粤港澳大湾区科技创新企业，打造供需对接的大数据平台，将三地创新政策、市场需求、产业发展、企业项目等信息纳入到平台中，为粤港澳大湾区企业创新要素对接提供基础信息支撑。

3.打造粤港澳大湾区企业的海外创新平台

鼓励和引导有实力的粤港澳大湾区科技创新企业建设一批海外创新中心和研发中心，鼓励粤港澳大湾区企业携手合作，设立海外基地，发展全球化时代的创新“飞地”。

（三）以高端人才集聚为动力，打造支撑国际科技创新中心的人力资本池

“发展是第一要务，人才是第一资源，创新是第一动力”。世界一

■ OPPO 手机在实验室进行 VOOC 闪充数据线插拔测试（孙俊杰摄）

流的科技中心一定有世界一流的人才、世界一流的高等院校。在新的时代背景下，粤港澳大湾区如何构建具有国际竞争力的人才制度体系，加大国际人才引进力度，实现弯道超车尤为关键。国务院参事、全球化智库（CCG）理事长王辉耀提出，粤港澳大湾区的硬件设施已经具备吸引国际人才的条件，要更多注重软件方面的建设，学习国际先进经验，与国际做好对接，力求将全球人才为我所用，助力大湾区人才战略全面顺利实施。建议从以下三个方面率先发力：

1.探索粤港澳大湾区人才系统培养的新模式

香港、澳门拥有多所世界知名高校，广东省的中山大学、华南理工大学、深圳大学、南方科技大学、暨南大学亦有相当的世界知名度。面对更加激烈的国际高科技竞争和人才竞争，建议粤港澳三地携手，集中力量建设一所世界一流的综合性、国际化、研究型大学，为粤港澳大湾区培养一流创新人才。

2.制定促进粤港澳大湾区企业创新人才队伍建设的政策体系

面向建设国际科技创新中心的目标定位，需要加快完善人才发展政策体系，形成更加精准、更具竞争力的人才政策优势，全球遴选和发掘前沿领域的战略科学家、科技领军人才、领航型创新型企业家及一大批高质量科技技能人才。建议制定专门的人才政策，对重点产业领域的创新人才引进、落户、住房、子女教育等方面给予支持，推动全球创新人才向粤港澳大湾区汇聚。

3.搭建面向全球的创新人才供需对接平台

探索建立专业化的粤港澳大湾区人力资源市场，通过举办粤港澳大

■光启“云端”号（鲁力摄）

湾区人力资源服务供需对接会、搭建网上粤港澳大湾区创新人才供需对接平台等多种形式，不断完善工作机制，加速全球创新人才与粤港澳大湾区的交流对接。特别是利用香港、澳门国际化的优势，实施全球英才招聘计划，以海外高端留学人才与华裔人才为重点，外国高级人才为补充，吸纳具有战略意义和领军作用的全球顶尖人才。

（四）以未来产业为突破口，构筑新兴产业发展的企业矩阵

《规划纲要》对大湾区现代产业体系的构建有系统性布局，其中提到的产业包括电子信息、先进装备制造产业等先进制造业；5G、生物技术、基因检测、北斗卫星应用、高性能集成电路等战略性新兴产业。新一代信息技术、生物技术、高端装备制造、新材料被定位为未来的支柱

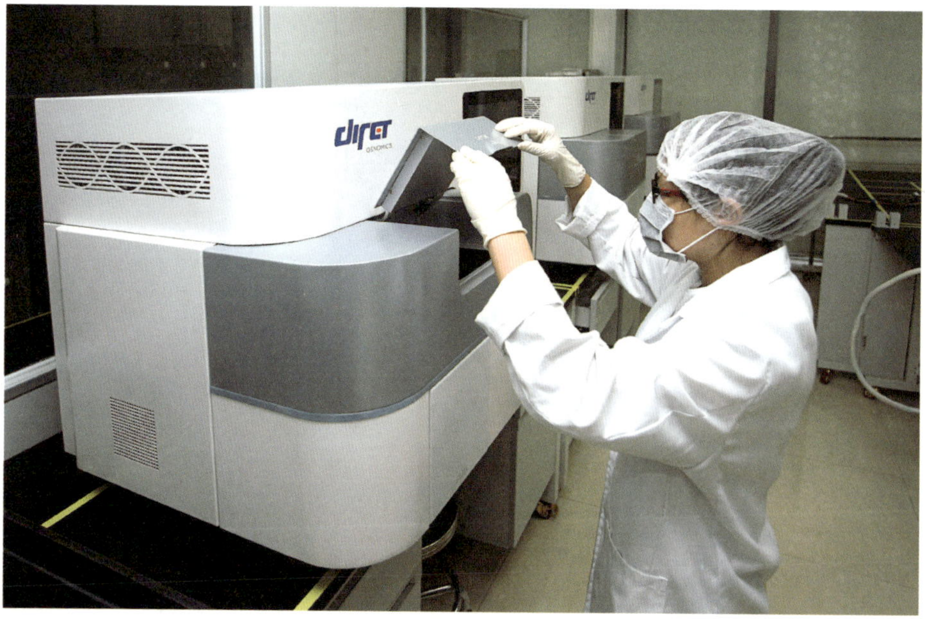

■瀚海基因科研人员正在调试瀚海基因 GenoCare 第三代单分子测序仪样机（朱洪波摄）

产业。建议以未来产业为突破口，引导、培育一批扎根前沿产业发展主战场的创新企业，为广东构建现代化经济体系发挥引领作用。

一方面，大胆聚焦未来产业，积极规划布局并提供政策支持。建议粤港澳携手在打造量子通信、新一代信息技术、智能制造、数字经济等前沿产业加快布局规划，在全球范围内开展未来产业的调研，遴选适合粤港澳大湾区发展的产业类型，出台相应产业规划，提升产业发展引导性，同时，借鉴成功地区经验，科学制定扶持政策，释放政策红利。

一方面，积极引进龙头企业、高水平科研平台，迅速形成未来产业集聚区。依托科研、高校等创新资源的集聚，城市正在知识经济时代快速崛起，并成为优质企业、优质平台的优选地。新经济、新产业的发展，依赖创新资源的规模集聚效应。粤港澳大湾区要迅速形成新型产业集聚，需要以新经济、新产业规划为核心，提高对特定产业龙头企业、高水平科技研发平台吸引力，尽可能吸引大项目、研发机构落户，充分发挥大型企业与平台对创新的辐射带动作用。

（五）以国际一流营商环境为抓手，营造最适合企业创新发展的环境

“营商环境就是生产力”。面对粤港澳大湾区创新发展的新形势，需要创造更优的“硬环境”和“软环境”，降低市场运行成本，发挥市场配置资源的决定性作用和更好发挥政府作用。广东要从传统强调高效便捷的营商环境进一步升级为强调综合赋能的营商环境升级版，为珠三角企业创新发展提供更坚强的保障。

一是强化政府服务赋能。推动粤港澳营商规则的对接，持续优化行政审批制度改革，确保项目快速高效落地建设。推行“一网通办、并行办理”等商事登记服务模式，进一步压减企业开办时间。构建与国际高

标准衔接的经贸规则体系，深化与高水平开放相适应的投资管理制度创新，加快与国际市场深度接轨，形成开放型经济新优势，形成对全球高端要素配置、产业升级、创新发展等的强大牵引和辐射带动作用。

二是强化政府扶持赋能。针对创新企业的需求，加强经常性、规范性的政企沟通，以科学方法确定重点扶持企业库，整合政府各项政策资源聚焦重点企业，提升政府财政资金和融资、用地、用工、用能、用人等各项扶持政策的效率和精准度。

三是强化金融资本赋能。要更加注重科技金融结合，充分认识当前科技创新产业发展和重点产业快速发展必须依托资本市场力量的现实，推动实体经济与现代金融协同发展。用好政府引导基金，支持重点产业、企业和人才团队引进培育。充分用好贷款贴息、科技保险等政策，推动产业引导资金、创投机构等进入相关项目，积极运用市场机制支持科技创新。

附录　高端访谈

经济学家、国家发展改革委原副秘书长范恒山：大湾区发展顺应天时地利人和

“粤港澳大湾区战略的提出顺应天时地利人和，是一种逻辑必然，更是一种规律使然。”著名经济学家、国家发展改革委原副秘书长范恒山接受南方日报记者专访，对《粤港澳大湾区发展规划纲要》（以下简称《规划纲要》）进行详细解读，并对粤港澳大湾区发展的关键问题给出解答。范恒山长期从事国家区域发展战略与政策研究，主持制定了一

■范恒山（黄叙浩摄）

系列重大区域规划和政策文件。

范恒山表示，建设粤港澳大湾区的关键，在于协调联动、一体发展，超越各自经济利益诉求和特有的社会、法律制度等区别，通过深化合作形成一体联动的格局。联动发展不仅是制定粤港澳大湾区规划的核心所在，也必然成为粤港澳大湾区建设发展的保障所在。

他还表示，广东要抓住粤港澳大湾区建设的机遇，继续发挥改革开放先行者的作用，把握好同香港、澳门联系密切的优势，对标国际一流城市和先进水平，在一些重大关键体制上进行创新探索，进一步打造对外开放高地。

粤港澳大湾区拥有巨大发展活力和潜力

记者：日前，《规划纲要》正式发布，引起了广泛关注。为何会在现阶段提出粤港澳大湾区这样一个重大战略？您在国家发展改革委工作期间主持过很多区域规划的制定，能否谈谈《规划纲要》为何在此时推出，有什么样的特殊背景？

范恒山：推进粤港澳大湾区建设，是中央审时度势作出的重大决策，意义重大。从我个人的认识来看，粤港澳大湾区的规划与建设，主要来自逻辑相连三个维度：

第一个维度，是湾区在发展中具有独特的地位。湾区是什么？湾区是面向大海，由一个和若干个海湾及邻近岛屿共同组成的区域。由于地理和资源等因素带来的便利性、集聚性和开放性，湾区往往成为经济发展的最适宜地区，城市、港口等的发展也成为支撑湾区经济实现又好又快发展的要件。从结果上看，湾区经济作为重要的滨海或融海经济形态，往往是全球经济的重要增长极和全面创新的引领者。与此相匹配，这里总是聚集着国际化、现代化的世界一流城市。全世界发展得比较好的湾区大概有七八个，特别突出的是我们常常提到的纽约、旧金山、东京三大湾区，虽然三大湾区在体量、产业发展内容等方面存在差异，但有一个共同点是，都发展得比较好，都是区域的重要增长极、区域的创新引领者。因此，发展湾区经济成为一些国家和地区推动经济发展的重要选择，甚至是首要选择。粤港澳大湾区作为综合条件优越的重要湾区，也必然要放到开发开放的重要位置。

第二个维度，是国家区域发展战略发展延伸的结果。20世纪90年代中期，国家将缩小地区差距、促进区域协调发展提到重要议事日程，作为长期坚持的重大方针，在鼓励和支持东部沿海地区率先发展的基础上，陆续提出了推进西部大开发、振兴东北地区等老工业基地、促进中部地区崛起等战略，形成了完整的区域发展总体战略即“四大板块”战略，其特点在于因地制宜、分类指导，取得了明显效果，有力促进了区域协调发展。在这个基础上，党的十八大以来，党中央着眼于推进区域一体发展和协调联动，着力推动形成沿海、沿江、沿线经济带为主的纵向横向经济轴带，促进建立区域发展新格局，先后提出了京津冀协同发展、长江经济带发展战略等，粤港澳大湾区作为重要的沿海发展经济轴带，自然而然提上了决策议程。

第三个维度，是粤港澳大湾区自身所具有的特殊优势。粤港澳大湾区总面积5.6万平方公里，约7000万人口，地区生产总值超过10万亿元，除了空间辽阔、人口众多以外，还具有特殊的比较优势，包括地理纬度适宜、自然禀赋优越、发展空间广阔、区位交通便捷、城市结构完整、产业体系完备、高端要素集聚、经济实力雄厚，且创新试验功能平台众多，战略叠加优势明显。另外，这一地区文化同源、民俗相近、人缘相亲，相互认同感较强，也有比较好的合作基础，这些都意味着粤港澳大湾区蕴藏着巨大的发展活力和潜力。

从这样三个维度看，我们推进区域协调发展，培育新的增长极，形成新的开放高地，粤港澳大湾区自然而然成为重要的选择。可以说，粤港澳大湾区战略的提出和实施，顺应天时地利人和，是一种逻辑必然，更是一种规律使然。

四大中心城市要做强做优比较优势

记者：《规划纲要》提到，粤港澳大湾区要建设富有活力和国际竞争力的一流湾区和世界级城市群，打造高质量发展的典范。该如何理解这一目标要求？

范恒山：湾区往往跟城市、港口紧密相连，湾区为城市发展提供了条件，而城市和城市群的建设又成为湾区发展的有力支撑。一流湾区在表征上应该具有创新能力突出、产业结构高端、营商环境一流、生态环境优美等特点。而作为世界级城市群，应该具有空间结构紧凑、经济联动密切、创新要素集聚、基础设施高端、经济高度发达、社会和谐安宁等基本特点，且必然是具有全球影响力和国际竞争力的城市群。这些特点更多地体现在城市群不仅要大，而且要强，是与动能、活力、协调这些关键词紧密相连的一种载体。而粤港澳大湾区就应该建设成为具有上述特点的一流湾区和世界级城市群。

粤港澳大湾区要按照《规划纲要》的要求，通过十多年的努力，经过2022年和2035年两个阶段的发展，不断健全相关特质，逐渐形成以创新为主要支撑的经济体系和发展模式，实现经济实力、科技实力大幅跃升，国际竞争力、影响力显著增强，最终形成宜居宜业宜游的国际一流湾区和富有活力的世界级城市群。

记者：相比纽约、旧金山、东京等单一中心的世界级湾区，粤港澳大湾区有四个中心城市，如何正确处理好四城之间的关系，形成共同发展的合力？

范恒山：建设粤港澳大湾区，必须处理和把握好一些重大关系，包括处理好城市之间的关系，特别是要处理好四大中心城市间的关系。

基于历史基础、现实地位和发展潜能等的综合考量，粤港澳大湾区中的香港、澳门、广州、深圳具有中心城市的地位。这四大中心城市既是区域发展的核心引擎，也是建设世界级城市群的基本支撑，它们自身的发展状况及相互间的关系，直接决定着大湾区世界级城市群的建设速度、质量与水平。与单一中心的城市群不同，多中心容易造成各自为战和相互掣肘。从现实看，四大中心城市经济实力雄厚、各具比较优势，但合作联动不够紧密，协同互补效应未能有效发挥出来。

要切实发挥它们的支撑能力与辐射效应，应当在优化各自功能和加强协调联动两方面下大功夫。

要巩固提升各自的比较优势，进一步形成城市特色。主要是协同推进资源整合、产业分工和功能提升，巩固拓展香港国际金融、航运、贸易中心和国际航空枢纽地位，推动澳门建设成为世界旅游休闲中心，推动广州建设成为国际商贸中心、科技教育文化中心，促进深圳发展成为具有国际影响力的创新创意中心等。

要促进资源共享和要素流动，推进一体发展。特别是协调共建基础研究平台、科创走廊、技术中心和产业园区，在相互支持强化特色的基础上形成合力，不断提升资源要素的统筹配置水平和集聚创新能力。

记者：除了处理好这四大中心城市的关系，粤港澳大湾区如何处理好中心城市和节点城市的关系？

范恒山：城市群的活力来自中心城市的创造力，更来自中心城市的辐射带动能力和其他城市的协同合作发展能力。所以，要精心处理好四大中心城市和七个节点城市之间的关系，建立起中心城市和节点城市间分工协同、主动辅助、功能互补、一体联动的发展格局，这也是建设世界级城市群的关键所在。

为此，一要优化城市空间格局。根据主体功能定位、区域分工特点以及未来发展要求，合理划分城市组合，并主要通过构建经济区的方式，形成中心城市、节点城市和特色城镇有机结合、协调互动的城镇网络化空间格局。

二要优化城市经济分工。城市之间的各自为战，很大程度上在于经济方面的同质竞争。因此，要立足于中心城市、节点城市和特色城镇的梯次网状联动和经济区的协同发展，统筹产业发展安排，在中心城市和节点城市间形成合理分工、错位配置，实现主体发展和补充发展、主业发展和配套产业发展的联动。与此同时，根据资源禀赋和区域联动要求，改造培育一批各具特色的小城镇。

拿出超常规的举措推动粤港澳合作联动

记者：粤港澳大湾区具有特殊性，三地实行不同的社会制度、采用不同的法律体系、分属不同的关税区。如何促进大湾区各地之间的联动，真正实现合作发展？

范恒山：开放合作，是湾区的特质和优势，也是湾区得以跨越发展的关键。粤港澳大湾区建设必须抓住推进和实现开放合作这一关键要求。

我们要明确，粤港澳大湾区是一个整体的概念。我们要的发展是整个大湾区的发展，不是某一个城市、某一个地区的发展，大湾区发展的好坏是我们衡量建设成就的标志。这意味着，某个城市的突出表现和超常发展不代表大湾区整体的高质量发展。大湾区要发展，必须是共同发展，必须是共同努力，所有的城市和地区都要有突出表现。

在一定程度上说，粤港澳大湾区的一体联动，实质上是这一湾区各个城市间的一体联动。但现实情况是，香港、澳门和广东珠三角城市间不仅实行着不同的社会制度、采用着不同的法律体系，还分属于不同的关税区。建设粤港澳大湾区的关键，在于协调联动、一体发展，超越各自经济利益诉求和特有的社会、法律制度等区别，通过深化合作形成一体联动的格局，这不仅应当成为制定粤港澳大湾区规划的核心所在，也必然成为粤港澳大湾区建设发展的保障所在。

在粤港澳大湾区推进协调发展和合作联动，除了在思想上必须高度重视，在操作上必须有超常规的举措，首先应该把一体规划放在重要位置。统一规划或统筹规划是协调发展、一体发展的行动依据和科学指南，而我们制定规划的视角应该是一体规划共同提升，路径应该是合作联动。要基于大湾区发展的目标要求，充分考虑现实基础和发展潜力，来统筹空间布局和体制创新。同时，基于开放合作、一体联动，对基础设施建设、产业体系优化、城乡融合发展、公共服务提升、生态环境保护、营商环境改善等经济社会发展主要领域做出整体安排，并在合作联动原则基础上，制定各领域发展的专项规划。

实现粤港澳大湾区各地区各城市一体联动，还可以在这几方面下功夫。

一是建立统一的行为守则。在目前粤港澳大湾区难以形成统一的法规约束的情况下，应通过具有约束力的、类法律的行为准则规范各方的行为。在决策层面，应基于大局发展和一体联动的要求，共同协商制定各行政区、各城市进行重大决策和实施重要行政举措必须遵守的准则，并依据形势发展适时加以完善充实；在操作层面，应在逐项梳理的基础上实行负面清单管理，对各领域的具体行为进行严格约束。与此同时，要明确违反行为守则所应承担的责任及代价。

二是探索通行体制。在对目前粤港澳三地各城市制度层面的规定进行全面梳理的基础上，将其中的共同点打通成为共同遵守的规则；同时对存在差别的制度环节通过协商协调进行最大限度的创新，以寻求三地规则可接轨可打通的最大公约数。

三是试行联办模式。可考虑在先行试点的基础上，在一些城市的必要工作领域，设置由三地熟悉各自规则的专业人士组成的联合办公机构，共同处理涉及三地的复杂事务。

记者：广东作为粤港澳大湾区建设的重要主体，怎样在粤港澳大湾区建设中发挥更大的作用？

范恒山：广东在粤港澳大湾区和全国的地位都比较特殊。作为经济发达的省份，广东在全国位居经济总量第一；作为改革开放的先行地，广东是体制创新和推进对外开放的排头兵。过去，广东与香港、澳门不断进行深入合作，取得了积极成效。

广东应该继续发挥改革开放先行者的作用，多向香港、澳门学习，把握好同香港、澳门联系密切的优势，同时比照国际城市的做法和先进水平，在一些重大关键体制进行深入探索，进一步打造开放高地。广东要在推动创新、优化产业结构、建立现代化经济体系，实现高质量发展方面起到引领和带动的作用，着眼于供给侧结构性改革，着眼于运用好这些年广东在产业转型发展中的好经验，突出珠江东岸和西岸产业特色，发挥广州、深圳这两个中心城市的带动作用，推动“一国两制”事业发展新实践，深化内地与港澳合作，进一步提升粤港澳大湾区在国家经济发展和对外开放中的支撑引领作用。

高质量推进“广深港澳”科技创新走廊建设

记者：《规划纲要》提出，将粤港澳大湾区建成全球科技创新高地和新兴产业重要策源地，粤港澳大湾区被定位为“具有全球影响力的国际科技创新中心”。应如何集聚和配置创新资源，推动国际科技创新中心的建设？

范恒山：粤港澳大湾区要成为一流湾区，成为世界级城市群，关键要靠创新，这靠粤港澳大湾区的某一个城市是难以实现的。

因此，首先要打破体制、利益约束集聚和配置创新资源。粤港澳地区创新人才众多、创新要素优良、创新体系完整，但单位集聚度不高，统筹配置水平相对较低。提高粤港澳大湾区的整体创新能力和关键核心技术的创造能力，必须实现全湾区资源的有效集聚和一体优化配置，为此必须大力革除体制障碍和利益约束。要清理限制创新资源自由流动的体制与政策规定，探索建立有利于人才、资本、信息、技术等创新要素跨境流动和区域融通的体制保障与政策支撑；要健全社会和市场的优良环境，包括打造信用体系、强化知识产权保护、建立公平公正的市场规则等；要探索实施体现方便性和舒适度的管理举措，鼓励各类创新人才积极迁入工作、居住，深入进行学术交流；要探索建立多元化的创新资金筹措与运用模式，支持粤港澳围绕重大科研项目开展联合攻关。

第二，要一体推动产学研深度衔接融合。粤港澳三地拥有一批在全国和世界上都具有较大影响的高校、科研院所、国家大科学工程，科技研发与创造基础好、潜力大，是推动大湾区实现产业转型升级、建立具有国际竞争力的现代化产业体系的重要支撑。要采取有力措施，加强产学研深度融合，推进企业、高校和科研院所共建高水平的协同创新平台，形成科技攻关、转化和反馈的无缝对接。

第三，要高质量推进“广州—深圳—香港—澳门”科创走廊建设。作为大湾区的四大中心城市，香港、澳门、广州、深圳既是区域经济社会发展的核心引擎，又是各类创新特别是科技创新的主要载体和关键基地，它们的联动直接决定着大湾区创新的质量与水平。建设“广州—深圳—香港—澳门”科创走廊，是基于现实基础和发展需要的必然选择，有利于加快提升大湾区新兴技术原创能力和科技成果转化能力。我们要精准梳理四地创新资源状况，按照突出比较优势、形成一体联动的原则做好顶层设计；要打破障碍，形成人才、技术等创新要素区际间的自由流动与高效集聚；要着眼于攻克瓶颈制约，协同共建创新平台和技术支撑体系；要对照先进标准一体优化营商环境，积极吸引和对接全球创新资源，还要建立高效率的协同机制，探索解决项目安排、体制创新、规则对接等重大问题。通过努力，把“广州—深圳—香港—澳门”科技创新走廊建设成为具有世界水平的科技创新高地。

国务院参事、CCG理事长王辉耀：

建设“人才湾区”激发创新活力

■王辉耀（黄叙浩摄）

“如果说纽约湾区是‘金融湾区’，旧金山湾区是‘科技湾区’，东京湾区是‘产业湾区’，那么粤港澳大湾区的定位则可以是‘人才湾区’。”国务院参事、全球化智库（CCG）理事长王辉耀在接受南方日报记者专访时表示，粤港澳大湾区的发展离不开科学技术的创新，而教育、人才是带动科技发展、推动创新的重要动力。

“粤港澳大湾区的硬件设施已经具备吸引国际人才的条件，目前要更多注重软件方面的建设，搭建起人才网络。”王辉耀对比了世界各大知名湾区与粤港澳大湾区在人才培育、引进等方面的差异，他建议通过在粤港澳大湾区建设人才保税区、人才飞地等举措，构建具有国际竞争力的人才制度体系，加大国际人才引进力度。

【对标全球】昔日招商引资　如今招才引智

南方日报：每一个世界级湾区其实都是人才集聚的高地。对比美国纽约、旧金山和日本东京等世界级湾区，粤港澳大湾区的人才集聚情况如何？

王辉耀：随着全球科技的发展和经济结构的转型升级，全球国家间的竞争日益转变为人才的竞争。如果说纽约湾区是“金融湾区”，旧金山湾区是“科技湾区”，东京湾区是“产业湾区”，那么未来粤港澳大湾区的定位就是“人才湾区”。粤港澳大湾区的发展离不开科学技术创新，人才、教育是带动科技、工程、推动创新的重要动力。

从目前来看，旧金山湾区受教育程度为本科及以上的劳动力占全体劳动力的比重达到46%，纽约湾区也达到42%，远高于美国平均水平（28%）；东京湾区的东京都、神奈川县及琦玉县的大学和研究生院的学生数量在2010年就超过106万人，占全国的比重高达36.7%。粤港澳大湾区的人才质量整体上还低于世界其他三大湾区，特别是高学历高素质人才占总人口数的比重相对较低。粤港澳大湾区的创新平台载体，包括高校、科研机构的建设也有待加强。

40年前，中国经济体制改革从广东、从粤港澳大湾区起步，招商引资带动的经济浪潮带动了中国经济的腾飞。40年后的今天，招才引智能否再掀起新的浪潮，也决定了粤港澳大湾区能不能再创新的辉煌。

南方日报：粤港澳大湾区建设“人才湾区”有什么优势？

王辉耀：粤港澳大湾区的经济基础与产业链互补为人才提供了发展的基础。如今粤港澳大湾区拥有世界最大的海港和空港群，航空市场规模领先全球，有国际化综合枢纽的重要地位。粤港澳三地的产业优势形成互补，随着珠三角九市的传统产业向高端制造业及产品研发、现代服务业等价值链高端延伸，将成为高端人才集聚的基础。

粤港澳大湾区高端创新资源汇聚也为人才提供创新创业的环境。粤港澳大湾区集聚众多高水平大学，粤港澳三地高校逾百所，在校生超

300万人。港澳高校的国际化特色和学科领先水平与广东高校的本土化和市场化优势结合能为世界级高校集群建设提供更长远的支持。

宜居宜业宜游的优质生活圈又为人才提供了安居的保障。其中，随着港珠澳大桥等一系列基建项目的实施，珠三角城市群将实现大湾区主要城市间“1小时生活圈”，推动生产要素的高效流转和集约配置，加速两岸三地的人才流动，为打造内联外通的人才发展格局奠定基础。

具有全国领先优势的政策为人才提供了集聚的动力。在人才发展上拥有作为自贸试验区，享受在广州南沙新区片区、深圳前海蛇口片区和珠海横琴新区片区等自贸试验区区域实现人才政策创新与先行先试的一大优势。在与港澳等境外人才政策上先从试点地区突破，再到粤港澳大湾区复制推广是自贸试验区为大湾区人才发展提供的优势之一。

【重点发力】拓宽招揽渠道　广聚天下英才

南方日报：《粤港澳大湾区发展规划纲要》（以下简称《规划纲要》）提到，要拓宽国际人才招揽渠道。粤港澳大湾区如何吸引优秀的国际人才、培育国际人才集聚的土壤？

王辉耀：不管是旧金山湾区、东京湾区还是纽约湾区，在某种意义上来说，这些湾区都有一个很显著的特点，那就是国际人才的集聚，国际化人才集聚的比例非常高。例如，位于旧金山湾区的硅谷，有接近一半的创新创业者是来自全球各地的国际人才。目前，粤港澳大湾区范围内广州、深圳、香港等地的外籍人才占常住人口比例仍较低。在新的时代背景下，粤港澳大湾区如何构建具有国际竞争力的人才制度体系，加大国际人才引进力度，实现弯道超车尤为关键。粤港澳大湾区建设的关键在于广聚天下英才，粤港澳大湾区不仅要成为中国的大湾区，而且要成为世界的大湾区。

城市引才吸引力和人才竞争力的高地，与该城市灵活的管理、商业环境及对内外开放的程度等因素息息相关。粤港澳大湾区要成为吸引全球人才的大磁场，广东与香港、澳门紧密联手，是吸引国际人才最理想的基础。接下来，围绕《规划纲要》，在《深化粤港澳合作推进大湾区建设框架协议》和《粤港澳大湾区旅游业界合作协议书》框架下，粤港澳大湾区可以借鉴海南省免签新政的成功经验，探索放宽海外人才入境粤港澳大湾区限制，允许海外人才以旅游、短期学术交流、创新创业合作等为目的，从粤港澳大湾区任意对外开放口岸免办签证入境，并在大湾区区域内停留最多30天，助力大湾区成为实现海内外人才交流与聚集的集聚地。同时，可以创新粤港澳大湾区柔性引才措施，考虑面对外籍人才实施工作假期签证，允许签证持有人在大湾区范围内合法受雇，短期从事专业领域工作或研究。另外还可以实施全球英才招聘工程计划，推动落实引才系统化精准化，建立专门在全球搜索、关注、接触、挖取人才的大湾区猎头部门。利用香港、澳门国际化的优势，实施全球英才招聘计划，以海外高端留学人才与华裔人才为重点，外国高级人才为补充，吸纳具有战略意义和领军作用的全球顶尖人才。

南方日报：《规划纲要》也明确提出，支持大湾区建设国际教育示范区，引进世界知名大学和特色学院，推进世界一流大学和一流学科建设。集聚国际人才，也将加快一流大学的建设。

王辉耀：是的，在这方面香港已有很好的范例样本。比如，香港科技大学在成立之时就有约85%的师资来自全球各地，在30年内就打造成了世界一流大学。目前香港国际化师资的比例占到了40%，而内地高校的国际师资比重仍较低。未来粤港澳大湾区推动人才引进也需要载体。如果我们能引进10所国际大学，粤港澳大湾区的国际人才就可以很好地沉淀下来。

【机制创新】建立人才飞地 创造外溢效应

南方日报：《规划纲要》提出，要探索有利于人才、资本、信息、技术等创新要素跨境流动和区域融通的政策举措。如何进一步推动粤港澳大湾区人才的流动，创新建立大湾区人才一体化运行机制？

王辉耀：随着港珠澳大桥、广深港高铁建成通车，粤港澳之间的物理连接网络逐渐形成，但人才网络还有待进一步成形。粤港澳大湾区的硬件设施已经具备吸引国际人才的条件，目前要更多注重软件方面的建设，学习国际先进经验，与国际做好对接，力求将全球人才为我所用，助力大湾区人才战略全面顺利实施。我建议可以从几个方面来进行探索：

一是建立互通互认、共享共建的人才引进、评价、服务体系，比如通过推广“大湾区人才卡”“大湾区英才计划”等政策，在税收、出入境、执业资格等多个方面消除壁垒，打造粤港澳大湾区人才更加自由、更加便捷流通的运行机制。

二是可以考虑建设“人才保税区”。对区内企业、机构设立的研发中心接受港澳台、国外捐赠或从港澳台、国外购入的教学科研设备、仪器、用具等，取消进口上限，给予免税或保税；对技术先进，尚未列入国家鼓励类外商投资项目的企业进口、境内不能生产或性能不能满足高层次人才企业需要的生产设备，给予进口关税和进口环节增值税税收优惠。

三是可以在粤港澳大湾区城市实现多试点布局，建立人才飞地。围绕战略性新兴产业领域，秉承“借脑研发、柔性引才、合作共赢”的理念，通过在港异地建设研发机构、众创空间、创新创业孵化器等形式，运用好“政府+市场”的“双手”，允许大湾区三地人才在飞地自由出入境，创新创业，最大限度地实现政府间的土地使用空间整体转让。而飞地在快速发展过程中，也必然对周边地区产生积极影响，带动周边地区的发展，产生良好的外溢效应。

香港人才社会化、市场化的行业协会认证模式也是一种值得借鉴的做法。在设立制度、财务制度、入会制度、管理制度和职业认证制度等方面引进和推广香港职业资格制度，使粤港澳大湾区内行业协会发挥更加积极的作用。

国家发展改革委国土开发与地区经济研究所副研究员张燕：

发挥各城市比较优势　推动国际一流湾区建设

“把粤港澳大湾区建成发展活力充沛、创新能力突出、产业结构优化、要素流动顺畅、生态环境优美的国际一流湾区和世界级城市群，必须有一个结构科学、集约高效的发展格局作强力支撑。”国家发展和改革委员会国土开发与地区经济研究所副研究员张燕在接受南方网全媒体记者专访时表示。作为城市与区域经济研究的专家，张燕参加过国内多个区域战略规划、城市群发展规划的制定起草工作。从区域发展战略的角度，张燕对《粤港澳大湾区发展规划纲要》（以下简称《规划纲要》）展开解读。

他表示，要通过对城市功能进行合理错位分工，更好地发挥不同城市的比较优势，促进珠三角九市与港澳地区协调联动发展，更好地把粤港澳大湾区作为一个整体，进一步提升创新力、综合竞争力，从而推动粤港澳大湾区建设迈向新的发展阶段。

■张燕（黄叙浩摄）

【谈空间布局】把粤港澳大湾区作为一个整体提升综合竞争力

记者：党的十八大以来，中央先后谋划推出了一批重大区域发展战略。《规划纲要》也在近日正式对外公布。我们应该如何正确理解粤港澳大湾区的重要意义，粤港澳大湾区相比其他区域发展战略有何特殊意义？

张燕：其实每一项国家重大区域战略的提出都有其背景及独特内涵。建设粤港澳大湾区既是新时代推动形成全面开放新格局的新尝试，也是推动“一国两制”事业发展的新实践，这是整个《规划纲要》的重要主线和核心要义。在《规划纲要》中关于粤港澳大湾区的战略定位、空间布局和重点任务中，我们都能看到粤港澳大湾区在国家经济发展和对外开放格局中的重要地位，看到支持香港、澳门融入国家发展大局的影子。推进粤港澳大湾区建设有利于丰富“一国两制”实践，保持港澳长期繁荣稳定；有利于促进更高水平的对外开放，提升大湾区的经济创新力和国际竞争力；有利于促进高质量发展，成为引领全国高质量发展的重要动力源；有利于探索解决粤港澳三地长期发展过程中积累的一些深层次问题，持续增进粤港澳三地民生福祉，解决一系列老百姓最关心的问题。我们应该深刻领会和准确把握中央的战略意图，从中华民族伟大复兴的战略高度和历史发展的长河中深化对粤港澳大湾区建设重大意义的认识。

记者：我们留意到，《规划纲要》对粤港澳大湾区的空间布局进行了全面规划，提出要“坚持极点带动、轴带支撑、辐射周边，推动大中小城市合理分工、功能互补”。作为研究区域经济的专家，你怎么解读？

张燕：把粤港澳大湾区建成发展活力充沛、创新能力突出、产业结构优化、要素流动顺畅、生态环境优美的国际一流湾区和世界级城市群，必须有一个结构科学、集约高效的发展格局作强力支撑。粤港澳大湾区建设在空间布局上，通过极点带动、轴带支撑和辐射周边，就勾勒出了大湾区网络化的空间形态和组织关系，能够推动大中小城市合理分工、功能互补，增强城市之间的协调联动性。

纵观世界级一流湾区和城市群，都有自己的核心极点城市，发挥对资源要素的枢纽配置作用，兼具要素集聚与扩散功能，不同城市在湾区之中都发挥着各有侧重、综合性或专业特色的功能作用；其中，特别是核心极点发挥着引领产业创新发展的作用，有力带动整个湾区或城市群发展，粤港澳大湾区的极点同样发挥类似功能作用，值得引起关注的是，粤港澳大湾区的极点不是单一城市，而是香港—深圳、广州—佛山、澳门—珠海强强联合形成的联合体。

在区域经济发展中，依托大江大河或重要交通干线将沿线重要城市联系起来，促进经济要素向沿线集聚，便形成了发展轴带，轴带是区域经济发展重要形态，也是优化区域生产力布局的有力支撑。轴带上的重要城市，可以是中心城市，也可以是节点城市，这些城市影响力的强弱、城市势能的高低取决于城市的功能作用，包括综合性功能、专业化功能等。

我们可以看到，《规划纲要》对于香港、澳门、广州、深圳等城市的发展方向和定位，都有明确的部署安排。一方面，我们要考虑到粤港澳大湾区各个城市的发展现状，充分认识到不同城市在科技创新能力、产业发展基础、城市建设管理、资源禀赋以及城市知名度、影响力等方面都存在差异，对于每个城市，既要发挥比较优势，进一步提升长处，也要看到差距，加快弥补短板，还要顺应新时代新趋势新要求，积极培育新优势、新动能、新功能和新经济增长点。另一方面，要在差异、特色化发展的基础上，注重城市功能合理错位分工，进一步增强不同城市之间发展的协调联动性，通过深度合作，积极拓展港澳与内地的双向开放空间，促进优势互补、取长补短，更好地把粤港澳大湾区作为一个整体，共同提升经济创新力和动态竞争力，从而推动粤港澳大湾区建设迈向新的发展阶段，打造高质量发展的典范，成为引领全国高质量发展的重要动力源。

此外，要在更大区域视角上理解辐射周边的含义，即应积极拓展粤港澳大湾区的发展空间和辐射带动范围，增强空间布局的开放性，既要辐射带动粤东西北地区发展，还要辐射泛珠三角更大区域范围内的合作发展，以及联动全国其他地区协作发展，特别是要落实《中共中央 国务院关于建立更加有效的区域协调发展新机制的意见》的部署要求，推动建立区域战略统筹机制，促进粤港澳大湾区建设与其他国家重大区域战略融合发展。

【谈科技创新】科技成果转化需要更多市场力量推动

记者：粤港澳大湾区要打造具有全球影响力的国际科技创新中心，建成全球科技创新高地和新兴产业重要策源地。《规划纲要》提出要推进“广州—深圳—香港—澳门”科技创新走廊建设。如何加快推动这一科技创新走廊的建设？

张燕：《规划纲要》的亮点很多，建设国际科技创新中心便是其中之一，这也是粤港澳大湾区建设的首要任务，是打造国际一流湾区的重要支撑。应该说，纵观国内外发展大势，推动大湾区建设国际科技创新中心，符合当今世界发展潮流，能够更好地推动香港、澳门融入国家创新体系，有利于更好利用香港、澳门在科技研发、服务经济和对外开放等方面的优势条件，通过港澳平台积极吸引和对接汇聚全球创新资源，也有利于更好发挥广东的产业集群与创新优势，持续推动产业创新升级。

其中，《规划纲要》提出的建设“广州—深圳—香港—澳门”科技创新走廊，是粤港澳国际科技创新中心建设的核心平台和关键支撑。广深港澳科技创新走廊的提出，充分考虑到了香港、澳门、广州、深圳强有力的创新基础、条件与能力，特别是创新走廊沿线布局有科技城、科学城、高新区、高技术产业基地等一大批有影响力的创新平台和载体，这些平台和载体将在科技创新方面发挥核心引领作用。下一步，广深港澳合作推动科技创新走廊建设，我想至少要把握几个方面重点：一是强化政策创新，破除制约创新要素流动的体制机制障碍，更好汇聚人才、资金、技术、信息等创新要素，既要促进粤港澳三地内部的创新要素高效便捷流动，也要积极吸引全球各类创新要素资源；二是做大做优做强科技城、科学城、高新区、高新技术产业基地等产业创新发展平台和载体，应有新谋划、新布局、新举措，在原始技术创新、企业创新、产业创新和研发成果转化等方面狠下功夫；三是对标和借鉴国际一流湾区的先进创新发展模式，协同推动创新体系、产业体系和营商环境建设，推动构建具有国际竞争力和影响力的创新发展新生态，打造创新发展共同体。

记者：由于一些客观存在的原因，粤港澳大湾区的科技成果转化率与世界其他知名湾区相比，仍存在一定差距？

张燕：这与我们所处的发展阶段有关系，我们既要承认差距，在提高科技研发成果转化率上继续多做工作，也要认识到我们积蓄了力量，有一个厚积薄发的过程。科技创新成果的转化需要更多依靠市场力量来推动。如何鼓励和引导科研机构更多通过市场机制作用发挥参与到成果转化过程中，这很重要。未来可以推动各类科技研发主体、制造企业、金融机构等深度对接合作，这个过程要发挥各类市场主体的主导作用，既要有系统性的路径设计，也要有针对具体科研成果转化的“一对一”方案，加快贯通要素链、产业链和政策链，促进创新链、资金链、产业链和政策链深度融合，全产业链链条打通之后，科技研发成果转化就会有一个很好的输出渠道。此外，当然也要更好发挥政府作用，减少不必要的行政干预，积极打造法治化、国际化、便利化的高品质营商环境，在知识产权保护、创新资源汇聚、信用体系建设、国际市场规则对接等方面创造更好的市场环境。

【谈区域协调】争取发挥政策的叠加效应、共振效应

记者：当前，广东正在构建“一核一带一区”区域发展格局。广东如何把握粤港澳大湾区建设的大机遇，推动“一核一带一区”全面对接大湾区、融入大湾区，加快推动区域协调发展？

张燕：我也关注到了广东正在推动的“一核一带一区”区域发展新格局。2018年11月，中共中央、国务院出台了《关于建立更加有效的区域协调发展新机制的意见》。按照我的理解，广东的“一核一带一区”区域发展新格局，就是建立更加有效的区域协调发展新机制的有益尝试和创新探索。广东要把粤港澳大湾区建设作为“总抓手”，通过粤港澳大湾区的建设带动其他相关区域发展战略实施，协调好一核、一带、一区之间的生产力布局关系，全面构建新时代广东区域协调发展新格局。《规划纲要》也提到，要发挥粤港澳大湾区辐射引领作用，统筹珠三角九市与粤东西北地区生产力布局，带动周边地区加快发展，广东各市县应在粤港澳大湾区建设和“一核一带一区”区域发展新格局中谋划新定位、新功能，争取有新作为、新贡献。从广东的实际来看，内部差异较大，粤东粤西沿海经济带和粤北生态区的建设，可以作为粤港澳大湾区的腹地和配套支撑，通过战略融合发展，促进比较优势发挥，逐步缩小内部区域发展差距。因此，要增加战略政策之间衔接、配套和相互支撑，争取发挥战略政策的叠加效应、共振效应。

同时，要紧扣高质量发展、完善改革开放空间布局的要求，区域发展战略融合还体现在服务高质量发展、服务新一轮更高水平的对外开放、服务中国更好融入全球经济体系。广东在协调实施中央和地方区域发展战略时，要进一步处理好、发挥好市场配置资源的决定性作用与更好发挥政府作用之间的关系。广东尤其是珠三角地区的市场化程度高、国际化水平领先、市场配置资源作用强，市场作用力量需进一步强化，面向全球配置资源，用深化改革和更加开放的视角来推动落实区域战略实施。

记者：当前，广东兴起了学习贯彻《规划纲要》的热潮。在粤港澳大湾区建设起步阶段，广东如何重点发力，开好头、起好步？

张燕：粤港澳大湾区建设的定位、目标和任务实现，有赖于重大平台载体、重点项目和重要政策举措的支撑落地。广东在改革开放、在高质量发展中积累了很多先行一步的优势，这为大湾区建设奠定了很好的基础。从工作层面看，广东在粤港澳大湾区建设总的开局，应围绕《规划纲要》提出的目标任务，深化与港澳合作，先期谋划推出一批有基础、看得见、摸得着、可落地的重大平台、重点项目和政策措施。在这个过程中，全省上下要率先建立健全推动粤港澳大湾区建设的协调机制，按照中央决策部署，落实协调好各项工作，我关注到广东省市层面已经在这方面做了很多工作，下一步在前期工作基础上可以进一步强化，特别是要为规划任务实施提前做好充分准备。其次就是谋篇布局，既要抓重点抓要点，也要兼顾各个方面，充分激发各方面力量参与大湾区建设，扎实推进一些标志性、有重大引领和示范带动作用的重大项目、合作平台建设，实施一批强有力的政策举措，率先取得点上的突破，以点及面，要让粤港澳三地民众持续切实感受到、享受到大湾区建设带来的变化和成果。当然，粤港澳大湾区建设是一项长期性、系统性的伟大事业，要继续发扬广东锐意改革、敢为人先的创新精神，稳扎稳打推进各项工作，源源不断集聚新优势新动能，不断拓展发展新空间，相信大湾区建设的蓝图必将在实实在在的行动中转化为我们身边看得见、摸得着的现实。

国务院发展研究中心发展战略和区域经济研究部部长侯永志：

打造创新发展高地 在关键领域实现突破

“与东京湾区、纽约湾区、旧金山湾区相比，粤港澳大湾区有着明显的地域特征，这要求我们在开展湾区共性研究的同时，需格外注重粤港澳大湾区的中国特色。”国务院发展研究中心发展战略和区域经济研究部部长侯永志近日接受了南方报业全媒体记者专访。他表示，在接下来的建设过程中，要进一步明确并突出粤港澳大湾区的中国特色，打造具有中国特色的湾区经济，服务中国现代化战略，为世界贡献中国方案与动力，具有重要的现实意义。

侯永志表示，面向未来，在粤港澳大湾区接下来的建设进程中，要围绕中国现代化所需要的高端制造业展开合作，引领发展新高度。

■侯永志（黄叙浩摄）

服务现代化战略总布局 展现中国特色

记者：对标东京湾区、纽约湾区、旧金山湾区，粤港澳大湾区如何发挥自身优势，打造国际一流湾区？

侯永志：当今世界，发展条件最好的、竞争力最强的城市群，都集中在沿海湾区。湾区已成为带动全球经济发展的重要增长极和引领技术变革的领头羊。从经济总量等指标看，粤港澳大湾区是与美国纽约湾区、旧金山湾区和日本东京湾区比肩的世界四大湾区之一，应当成为国家建设世界级城市群和参与全球竞争的重要空间载体。因此，当前提出建设粤港澳大湾区的战略，是国家现代化战略总体布局中的重要一步。

从全球范围来看，影响力较大的纽约湾区、旧金山湾区和东京湾区都因为在对内对外联系中发挥着重要的作用而成为人才、资金、创新等要素的聚集地，在本国甚至是全球的发展中扮演着重要的角色。粤港澳大湾区地理位置优越、经济活力强、创新能力突出，与全球的湾区经济相似。与三大世界级湾区相比，粤港澳大湾区在面积、人口和地区生产总值规模等方面有较大优势：在地域面积上，粤港澳大湾区总面积有5.65万平方公里，远超过东京湾区、旧金山湾区以及纽约湾区；在人口规模上，粤港澳大湾区人口规模近7000万；在经济总量上，2017年粤港澳大湾区11城地区生产总值总额首次突破10万亿元，折合成美元超过1.5万亿，位居东京湾区之后，超过纽约湾区和旧金山湾区，其中，深圳、香港和广州三个城市地区生产总值均突破2万亿元人民币；在港口集装箱吞吐量和机场旅客吞吐量方面，粤港澳大湾区已经大大超过其他三个世界级湾区。

与东京湾区、纽约湾区、旧金山湾区相比，粤港澳大湾区有着明显的地域特征，这要求我们在开展湾区共性研究的同时，需格外注重粤港澳大湾区的中国特色。粤港澳大湾区发展合作的中国特色，主要包括以下几点：一是要服务国家现代化战略总布局；二是要与周边地区实现共同发展繁荣；三是要在规划和市场共同作用下实现内部深度分工的区域合作；四是要建成和谐而又有活力、相互竞逐而又能实现社会团结的地区。我们要看到，在经过改革开放40年的高速增长之后，中国的经济发展步入新常态，如何推动供给侧结构性改革，进一步实现转型发展，成为当前所处发展阶段的核心问题。粤港澳大湾区由区域合作上升为国家战略，其目的在于强调粤港澳大湾区的建设应服务于国家的现代化战略总布局。

政府和市场通力协作　加速大湾区建设

记者：《粤港澳大湾区发展规划纲要》（以下简称《规划纲要》）提出，坚持极点带动、轴带支撑、辐射周边，推动大中小城市合理分工、功能互补。如何推动粤港澳大湾区城市之间的合理分工和功能互补？

侯永志：粤港澳大湾区要在规划和市场共同作用下实现内部深度分工，可以从几个方面入手：

一是强调规划引领作用。中央高度重视粤港澳大湾区的建设，制定发展战略，明确发展规划，从总体高度设计空间发展架构，对各方利益进行调整，推动大湾区内各城市合理分工、功能互补，提高区域发展协调性，促进各地区融合发展，构建结构科学、集约高效的大湾区发展格局。

二是建立政府和市场的通力协作机制。世界著名湾区在发展过程中都建立了政府和市场通力协作机制，在充分发挥市场活力的同时，政府在营造良好的营商环境、消除行政壁垒、保护知识产权、完善法律法规、建立服务平台、推动基础研究等方面也发挥了重要作用。

三是注重对大湾区内部各城市地区的统筹协调。湾区经济非常需要一个共同的机构来进行统筹规划和协调管理，只有这样才能降低合作成本，提高合作效益，实现共赢的目标。尤其是在像粤港澳大湾区这种“一国两制三关口”的特殊地域，对于协调机构的需求更为迫切。应该设立高效的规划部门，对各方利益进行调整，确保建设方案的有序推进。

我们要认识到，粤港澳大湾区的建设依托于湾区内各城市、地区自身高质量的发展，更有赖于各城市地区之间彼此合作、相互促进格局的形成。一方面，大湾区内部各城市、地区立足地区本身的比较优势，充分释放了地区发展活力，实现本地区的高质量发展，各城市地区之间互相竞逐，激发湾区内部的发展活力。另一方面，在粤港澳大湾区的建设过程中，强调对各城市地区统一部署，实现各城市地区之间的分工协作、相互促进的格局，形成和谐共存、社会团结的城市群发展局面。

打造创新发展高地　在关键领域实现突破

记者：建设国际科技创新中心，是《规划纲要》的重要内容之一。建设具有中国特色的粤港澳大湾区，如何在创新驱动上发力？

侯永志：创新是实现中国经济长期持续、稳定发展的根本基础，也是有效应对未来各种外部挑战的根本基础。中国是发展中的人口大国，国家现代化所需要的核心和关键技术必须立足于自身的创新、创造和发明。二战以后的世界经济发展史告诉我们，在关键和核心技术领域，只有依靠自己的力量进行创新、创造和发明，才能在经济科技发展领域具有话语权和主动权。要切实增强自主创新的紧迫感，将粤港澳大湾区打造成为中国创新发展的高地，推动科学技术进步，加快自主创新的步伐。

我们要充分利用好粤港澳大湾区已有的良好创新基础。粤港澳大湾区一直将创新、开放作为发展的根本动力和基本途径，集聚了大量国内外创新人才、创新企业等高端要素，形成了良好的创新生态环境，是我国的科技创新中心，具有加快创新发展、开放发展的良好基础和条件。在新的形势下，粤港澳大湾区创新发展的迫切性更强，在国家创新体系中的作用更大，应继续扮演好我国创新的引擎和高地、开放的窗口和标杆，以更加坚实的步伐走好开放、创新之路。

我们还要在粤港澳大湾区的建设中积极吸引和对接国内国外的优秀资源。吸引国内国外优秀人才聚集粤港澳大湾区，实施好港澳居民证件便利化、进一步便利港澳居民到内地创业就业、大幅降低粤港澳通信漫游费用等政策措施。要积极吸引和对接全球创新资源，建设“广州—深圳—香港—澳门”科技创新走廊，打造大湾区国际科技创新中心。

配置全球资源　成为新经济发展策源地

记者：《规划纲要》提出，加快发展先进制造业和现代服务业，瞄准国际先进标准，提高产业发展水平，促进产业优势互补、紧密协作、联动发展，培育若干世界级产业集群。对标世界级湾区，粤港澳大湾区应该在哪些方面加快产业布局？

侯永志：在主要产业方面，粤港澳大湾区的主要产业是金融、航运、互联网、电子、高新技术与旅游，东京湾区的主要产业是钢铁、石化、物流、装备制造和高新技术，旧金山湾区的主要产业是电子、互联网、生物、高科技，纽约湾区的主要产业是金融、航运、计算机。可以说，东京湾区是产业湾区，旧金山湾区是高科技湾区，纽约湾区是金融湾区。粤港澳大湾区在未来的发展过程中，如何从全球的角度予以定位，需要进一步探索。

我认为，建设具有中国特色的粤港澳大湾区，要适应国家发展的需要，发展高端制造业，提高中国在全球价值链中的地位。国内外发展的历史经验昭示我们，国民经济持续、稳定发展的关键在于构建现代化经济体系。一个国家在全球价值链中的地位高低，往往决定着这个国家发展主动权的大小。我们要赢得发展的主动权，必须发展高端制造业，抢占全球战略、产业链的制高点，不断实现中国在全球价值链上的攀升。

同时，要充分利用粤港澳大湾区制造业基础，围绕中国现代化的需求展开合作。在粤港澳大湾区以往的产业分工中，港澳成为珠三角制造业的生产性服务中心，珠三角成为世界工厂、全球制造业基地。过去40年的发展，中国以速度和规模著称于世，而珠三角是中国速度和中国规模的典型代表。面向未来，在大湾区接下来的建设进程中，要围绕中国现代化所需要的高端制造业展开合作，引领发展新高度。中国要提升在全球发展中的地位、能力、影响，需要从发展的规模、速度走向发展的品质、高度，粤港澳大湾区应成为引领这种转变的核心区域。为此，粤港澳大湾区应加强内部合作，在经济方面要注重集聚高端要素、占领产业链高端，强化全球资源配置能力，成为新经济发展策源地。

清华大学公共管理学院教授、清华大学科教政策研究中心主任苏竣：

打造湾区创新品牌　迈向国际科技创新中心

■苏竣（黄叙浩摄）

《粤港澳大湾区发展规划纲要》（以下简称《规划纲要》）提出，粤港澳大湾区要打造具有全球影响力的国际科技创新中心。近日，清华大学公共管理学院教授、清华大学科教政策研究中心主任苏竣接受南方日报记者专访，对粤港澳大湾区的创新发展进行详细解读。苏竣参与了《规划纲要》的咨询工作。他曾作为文件起草人执笔人或专家组成员，直接参与了《国家中长期科学和技术发展规划纲要（2006—2020年）》等若干国家科技规划、计划或政策的起草与评估工作。

苏竣表示，粤港澳大湾区要充分利用粤港澳三地科技存量及比较优势，加强公共性领域交流与共享，深化互补性领域分工与合作，调动各方积极性、主动性、创造性，合力打造有影响力的湾区创新品牌。

对标国际三大湾区

记者：《规划纲要》提出要建设粤港澳大湾区国际科技创新中心。

事实上，粤港澳大湾区一直是以科技创新为引领，《规划纲要》的最新定义赋予了哪些新的内涵？

苏竣：首先，要注意“全球影响力”一词。目前世界上最著名的三大湾区分别是美国纽约湾区、美国旧金山湾区和日本东京湾区。《规划纲要》所提出的打造“具有全球影响力的国际科技创新中心”，显然将粤港澳大湾区建设提升到一个新的高度，要以国际视野对标全球科技创新资源最集中的三大湾区开展粤港澳大湾区建设。

其次，《规划纲要》中对大湾区科技创新有历史性的期待。粤港澳大湾区是中国开放程度最高、经济活力最强、创新资源最为密集、创新发展水平最高的区域。粤港澳大湾区建设，特别是新技术、新产业、新业态、新模式的发展，对于实现中华民族伟大复兴有着非同一般的意义。可以说，建设粤港澳大湾区，事关国家统一和中华民族伟大复兴，事关“一国两制”伟大战略构想的成功实践，事关香港、澳门的持续繁荣稳定。

再者，《规划纲要》要着力破除影响创新要素自由流动的瓶颈和制约。粤港澳大湾区是“一个国家、两种制度、三个关税区”，这是全球三大湾区都没有的。这给科技要素流动带来一定的困难和障碍，但是也有科技创新的巨大潜力，更可能取得独一无二的成就。

记者：在您看来，粤港澳大湾区要打造成为国际科技创新中心的优势有哪些？

苏竣：首先，基础条件非常好。粤港澳大湾区以0.6%的国土面积创造了中国12.4%的GDP，是目前中国经济实力最强、开放程度最高和最具创新活力的区域，已具备建设世界一流湾区和全球最大湾区经济中心的基础条件。其中香港、澳门是成熟的发达市场经济体，在经济运行、社会治理、规则标准、政府管理等方面与国际更加接轨，科技创新资源集聚，人才优势明显。广东省是内地经济总量最大的省份，是改革开放先行区。三地文化同源、人缘相亲、民俗相近，经济方面互补性强，合作基础扎实而且成果丰富。

第二，区域优势非常明显。粤港澳大湾区建设以大湾区为龙头，以珠江—西江经济带为腹地，可以带动中南、西南地区发展，是辐射东南亚、南亚的重要经济支撑带，对于带动全国改革发展和服务“一带一路”建设具有不可替代的意义。同时，粤港澳大湾区总面积5.6万平方公里，几乎相当于纽约湾区、旧金山湾区和东京湾区的面积总和，2017年末总人口约7000万，远超三大湾区。粤港澳大湾区面积广、人口多，劳动力和市场优势十分突出。

第三，粤港澳大湾区独享“一国两制”优势。与“京津冀”“长三角”的情况不同，粤港澳大湾区除了广东省内的9个城市外，亦包括香港和澳门两个特别行政区。香港、澳门可以在“一国两制”下，发挥双重优势。作为一个高度开放的城市，香港有高效率的营商环境、低税率和简单税制、自由流通的资金和资讯，是不少人才的向往之地。同时澳门在文化上以中华文化为主流，同时又有多元文化共存的良好氛围，有利于来自各个文化圈的人才在此集聚。

加速创新要素流动

记者：您刚刚谈到粤港澳大湾区是在“一个国家、两种制度、三个关税区”的条件下建设的。在您看来，科技创新要素在湾区的自由流动，需要在哪些关键方面聚力发展？可以采取哪些措施突破？

苏竣：“一国两制三关税区”既是粤港澳大湾区建设的边界约束条件，也为创新管理体制机制、绘就未来蓝图提供了无限的可能。

粤港澳大湾区建设要提升香港、澳门普通群众对粤港澳大湾区建设的参与感、获得感和成就感，让港澳民众充分享受改革开放、创新发展带来的红利。同时，遵循“自下而上、顶层设计、充分尊重、充分信任”的沟通原则，在机制、人才、税务、资金流动等问题上进行统筹。粤港澳大湾区建设要考虑香港和澳门政治、经济、文化以及国际环境的一些特殊性，制定具体政策时要接地气，特别是接香港、澳门的地气，充分考虑不同区域文化的差异，优化跟踪机制和评估机制。粤港澳大湾区建设，必须靠广东、香港和澳门各方科技界、学界、产业界的高度认同，因此还需要加强对粤港澳大湾区建设的宣传，凝聚各界对粤港澳大湾区建设的共识。

实现区域协同创新

记者：《规划纲要》提出，要深化粤港澳创新合作，构建开放型融合发展的区域协同创新共同体。粤港澳大湾区要如何打造区域协同创新共同体？

苏竣：建设粤港澳大湾区的核心是区域优势的协同以及创新要素的顺畅流动，因此需要激发粤港澳三地创新活力，整合创新资源。具体建议有以下几个方面：

第一，注重区域内的高层决策协调，着力破除各种体制机制障碍。可以设立粤港澳大湾区科技创新委员会专门负责大湾区的科技创新工作，委员会成员应包含11个城市的决策者，共同研究制定科技创新的规划，协调科技创新资源以及创新城市之间的协同，有效发挥各自的优势。

第二，共建大湾区优质生活圈，吸引人才资源充分流动。科技创新、新经济以精英人才、人力资本为本，而这些人才对生活品质有较高的要求，包括气候、环境、公共服务、交通等，粤港澳大湾区应以改

■一名南方科技大学学生正在进行氧化物薄膜的生长实验（朱洪波摄）

善社会民生为重点，完善基础设施，打造国际化教育高地，改进就业创业服务体系，促进文化繁荣发展，把粤港澳大湾区建成绿色、宜居、宜业、宜游的世界级城市群。

第三，世界一流的科技中心一定有世界一流的人才、世界一流的高等院校。现在香港地区、澳门地区有一些世界知名的高校。广东省的中山大学、华南理工大学、深圳大学、南方科技大学、暨南大学都有相当好的世界知名度。但是，面向长远，面向未来，面对更加激烈的国际高科技竞争和人才竞争，我们需要集中力量，突破体制机制的约束，以更开阔的心态、更坚实的步伐，建设一所世界一流的综合性、国际化、研究型大学。

第四，深圳的河套地区区位优越，具有不可替代的战略价值，中央政府和粤港澳三地要高度重视这个地区。要先行先试，将此地建设成为深港科技创新特别合作区，开展政策创新，深化体制机制改革，使之成为粤港澳大湾区科技创新的点睛之笔。

第五，加强重大科学基础设施合作，大力发展科技金融。鼓励香港、澳门高校和科研机构与广州、深圳和东莞等地联合共建共享重大科学工程和科学基础设施，加大国家重大科研设施对港澳开放力度，向香港、澳门开放超级计算中心、散裂中子源等科研基础设施。鼓励基础数据、基础科研条件的跨区域合作，与香港、澳门共享气象、海洋、空间、医疗等领域的科研基础数据。要更加注重科技金融结合，充分用好贷款贴息、科技保险等政策，推动产业引导资金、创投机构等进入相关项目，积极运用市场机制支持科技创新。

商务部研究院国际市场研究所副主任许英明：

粤港澳大湾区在服务贸易合作上大有可为

2019年2月18日，中共中央、国务院印发的《粤港澳大湾区发展规划纲要》（以下简称《规划纲要》），从基础设施互联互通、投资便利化、贸易自由化、人员货物往来便利化、资格互认等要素便捷流动方面提出具体规划，以“充分发挥粤港澳综合优势，深化内地与港澳合作，进一步提升粤港澳大湾区在国家经济发展和对外开放中的支撑和引领作用”。如何进一步推进粤港澳合作不断深化实化？近日，商务部研究院国际市场研究所副主任许英明接受了南方日报记者专访，对《规划纲要》展开解读，并对关键问题给出建言。

■许英明（黄叙浩摄）

许英明表示，我国已是全球第二大服务贸易国，粤港澳大湾区在服务贸易合作方面大有可为，随着“一带一路”建设的深入推进，香港和澳门可在共建国际化旅游区、制度型开放等方面，更好发挥国际化、法律、人才等优势，在更高层次参与国际经济合作和竞争。

基础设施互联互通　促进要素高效便捷流动

记者：从《规划纲要》提出

的发展目标来看，到2035年，粤港澳大湾区内市场高水平互联互通基本实现，各类资源要素高效便捷流动。在您看来，促进要素高效便捷流动的前提是什么？

许英明：基础设施互联互通是促进要素高效便捷流动、推进大湾区协同发展的重要前提。基础设施互联互通既包括对外联系通道及跨境基础设施互联互通，又包括珠三角九市间的基础设施互联互通，也包括信息基础设施互联互通。一是建设世界级机场群，巩固提升香港国际航空枢纽地位，强化航空管理培训中心功能，提升广州和深圳机场国际枢纽竞争力，增强澳门、珠海等机场功能，推进大湾区机场错位发展和良性互动。

二是对接跨境基础设施，以港珠澳大桥和陆路口岸为重要通道，进一步推进交通、边检、口岸等设施的一体化建设，促进跨境基础设施的无缝衔接。

三是进一步统筹大湾区高速公路、铁路、城市轨道与内河航道等交通网络布局、管理模式、线路走向，构建便捷高效的现代综合交通网络，而且要体系化，为大湾区要素资源的便捷流动和优化配置提供基础性保障。

四是优化提升信息基础设施互联互通水平，推进粤港澳网间互联宽带扩容，全面布局基于互联网协议第六版的下一代互联网，推进骨干网、城域网、接入网、互联网数据中心和支撑系统的IPv6升级改造，推动粤港澳三地信息资源集成共享，并将物联网、大数据、人工智能等科技与交通管理充分融合，为削弱和消除大湾区要素自由流动的显性壁垒和隐性壁垒奠定信息化基础。

记者：粤港澳大湾区具有“一国两制”的特殊性，要素流动最终也涉及到粤港澳三地法律、制度、政策等的协同。在不同制度下实现要素高效便捷流动甚至自由流动，如何创新突破？

许英明：减少限制，创新通关模式，推进人员货物往来便利化。《规划纲要》主要从以下三个方面着力：一是研究为符合条件的珠三角九市人员赴港澳开展商务、科研、专业服务等提供更加便利的签注安排。二是统筹研究外国人在粤港澳大湾区内的便利通行政策和优化管理措施。三是加强内地与港澳口岸部门协作，扩展和完善口岸功能，依法推动在粤港澳口岸实施更便利的通关模式，研究在条件允许的情况下主要陆路口岸增加旅客出入境自助查验通道，进一步便利港澳与内地居民往来。此外，积极制定并施行港澳机动车往来内地的具体措施，进一步促进粤港澳大湾区内人员、货物的高效便捷流动与优化配置。未来，港澳居民来往内地通行证能否按照内地身份证的使用权利进行使用，或者扩大使用范围，这也是促进人员往来便利化的重要方向。

落实内地与香港、澳门关于建立更紧密经贸关系的安排（CEPA）系列协议 进一步减少限制条件

记者：《规划纲要》提出，粤港澳大湾区要推动贸易自由化，促进人员货物往来便利化。具体要怎么来推进？

许英明：《规划纲要》从货物贸易自由化和服务贸易自由化两个方面做出具体安排。一方面，加快国际贸易“单一窗口”建设推广，推进口岸监管部门间信息互换、监管互认、执法互助，并支持广州南沙建设全球进出口商品质量溯源中心，加快推进市场采购贸易方式试点，促进生产要素便捷流动，实现货物贸易自由化。另一方面，“落实内地与香港、澳门CEPA服务贸易协议，进一步减少限制条件，不断提升内地与港澳服务贸易自由化水平”，并加强与服务贸易相关的人才培养、资格

互认、标准制度等方面合作，促进人员、资金、认证等粤港澳服务贸易要素跨境自由流动，同时推进职业资格国际认证，推动跨境便利执业，实现服务贸易自由化。

特别是在服务贸易方面要加强合作和协同。目前，我国已是全球第二大服务贸易国，粤港澳大湾区在服务贸易合作方面大有可为，发挥港澳在财务、设计、法律及争议解决、管理咨询、项目策划、人才培训、海运服务、建筑及相关工程等方面国际化专业服务优势，扩展和优化国际服务网络，为企业提供咨询和信息支持。尤其是，随着“一带一路”建设的深入推进，香港和澳门可在共建国际化旅游区、投资贸易争端解决、制度型开放等方面，更好发挥国际化、法律、人才等优势，在更高层次参与国际经济合作和竞争。

记者：在现有基础上，粤港澳大湾区如何推进投资便利化？

许英明：粤港澳大湾区建设，要在CEPA系列协议的总体框架下，实现对港澳更深度开放。《规划纲要》特别强调“落实内地与香港、澳门CEPA系列协议，推动对港澳在金融、教育、法律及争议解决、航运、物流、铁路运输、电信、中医药、建筑及有关工程等领域实施特别开放措施，研究进一步取消或放宽对港澳投资者的资质要求、股比限制、行业准入等限制”。而且，为更好落实CEPA框架下对港澳开放措施，将在广东为港澳投资者提供一站式服务。未来，粤港澳大湾区发展需要抓住每一次CEPA升级机遇，用好用足CEPA，推进投资便利化。

共建粤港澳合作发展平台　推进平台发展“实化”

记者：融合的前提在于协同，粤港澳如何协同才能做到更具有可实施性、可操作性？

许英明：共建粤港澳合作发展平台，是推进大湾区协同发展的重要着力点。《规划纲要》提出“加快推进深圳前海、广州南沙、珠海横琴等重大平台开发建设，充分发挥其在进一步深化改革、扩大开放、促进合作中的试验示范作用，拓展港澳发展空间，推动公共服务合作共享，引领带动粤港澳全面合作”。一是研究进一步扩展前海发展空间，并在新增范围内实施前海有关支持政策，优化提升深圳前海深港现代服务业合作区功能。二是打造广州南沙粤港澳全面合作示范区，建设成为大湾区国际航运、金融和科技创新功能的承载区。三是推进珠海横琴粤港澳深度合作示范，支持横琴与澳门联手打造中拉经贸合作平台，支持横琴为澳门发展跨境电商产业提供支撑，推动葡语国家产品经澳门更加便捷进入内地市场。推进这些合作平台的发展，一方面要避免同质化竞争和资源错配，推进平台发展的“实化”。另一方面，要打造合作平台的“生态圈”，产业发展要“链化”。

记者：您长期研究澳门，对于进一步推进粤港澳合作不断深化、实化，以澳门为例，可以在哪些领域建立深度的融合？

许英明：澳门作为较早的中西方贸易、文化、技术交流中心和中国对外开放的窗口、桥梁和通道，特别是在与葡语国家的传统联系等方面有独特优势。在粤港澳大湾区建设中，澳门可在大湾区旅游发展、中国与葡语国家商贸合作服务平台等方面发挥重要作用。具体来说，支持澳门建设世界旅游休闲中心，在澳门成立大湾区城市旅游合作联盟，推进粤港澳共享区域旅游资源，构建大湾区旅游品牌，研发具有创意的旅游产品，共同拓展旅游客源市场，推动旅游休闲提质升级。同时，发挥澳门与葡语国家的联系优势，依托中国与葡语国家商贸合作服务平台，办好中国—葡语国家经贸合作论坛（澳门），更好发挥中葡合作发展基金作用，为各企业与葡语国家之间的贸易投资、产业及区域合作、人文及科技交流等活动提供金融、法律、信息等专业服务，联手开拓葡语国家和其他地区市场。值得注意的是，针对澳门与珠海在中葡、中拉经贸合作中的竞合实际，澳门打造中葡商贸合作平台，珠海在打造中拉经贸合作平台。《规划纲要》提出“支持横琴与澳门联手打造中拉经贸合作平台”，避免同质化竞争。

广东省社科院原院长王珺：

粤港澳合作从“借船出海”升级到“造船出海”

“粤港澳必须携手紧密合作，共同把船做大，才能在全球化中乘风破浪。”广东省政协经济委员会主任、广东省社科院原院长王珺近日接受南方日报专访，深入解读《粤港澳大湾区发展规划纲要》（以下简称《规划纲要》），全面阐释粤港澳大湾区战略下广东的使命与机遇，并为粤港澳大湾区发展建言献策。

深度合作有利于应对全球化

南方日报：《规划纲要》指出，打造粤港澳大湾区，建设世界级城市群，有利于丰富“一国两制”实践内涵。请问该如何认识和理解这一点？

■王珺（戴嘉信摄）

王珺：建设粤港澳大湾区是粤港澳合作的深化，既有利于“一国两制”本身，在国际贸易和区域合作的制度中也增加了一种新的类型，有利于丰富全球范围内的区域合作实践。

南方日报：粤港澳大湾区的实际情况是，一个国家、两种制度、三个关税区、四个中心城市。这是粤港澳大湾区的特点和优势，在这种情况下，如何进一步推进大湾区建设？

王珺：粤港澳大湾区不仅有深厚的合作基础，随着经济全球化和科技快速发展，粤港澳都产生了进一步共同发展的需求，这种合作需求产生后，大家才有动力来共同推动深度合作发展。有了这个需求，大家就会坐下来商量适合整个区域发展的硬环境与软环境建设。

《规划纲要》确定了粤港澳大湾区发展的指导思想、基本原则、战略定位、发展目标等，这充分反映了各方的利益诉求与发展需求。在《规划纲要》指导下，先易后难、循序渐进，容易的问题先解决，给难的问题创造条件、奠定基础，然后逐步地升华，那么适合粤港澳大湾区整体性发展的硬环境与软环境建设就会更快推进。

南方日报：推进粤港澳大湾区建设，广东将承担哪些重大责任和使命，又面临怎样的历史机遇？

王珺：首先，粤港澳大湾区是国家战略，广东作为参与主体之一，有责任全力推进这项国家战略的实施。

其次，粤港澳大湾区对于广东、香港和澳门来说，是实现三赢的重大历史机遇。在经济全球化的背景下，如果大家不能够一起有效合作，那么各方都难以独自应对未来发展，也都难以更好地完成国家布置的任务。

在粤港澳大湾区战略下，粤港澳三地能够实现优势互补。过去我们说“借船出海”，现在我们要联手出海，一起把船做大，才能在全球化中乘风破浪。粤港澳大湾区建设既有利于港澳地区繁荣发展，也有利于广东的战略发展。

建设国际科技创新中心正当时

南方日报：粤港澳大湾区要建设成为国际科技创新中心，您认为有哪些基础和条件，应该如何推进？

王珺：新一轮技术革命的格局下，粤港澳大湾区面临很大的机遇，比如大数据、工业互联网、5G商用、人工智能等。同时，处在创新发展的中国也需要有具有创新竞争力的国际科创基地。从目前来看，粤港澳大湾区最有条件。

第一，创新的基本条件是要跟上新一轮技术革命的前沿，要和世界上最前沿的研究中心保持紧密的联系。这一点香港具有得天独厚的条件，其多所高校在全球高校排名中名列前茅，它们与哈佛、牛津等顶级学府保持着紧密的学术联系。

第二，新一轮技术革命所涉及的领域很广，包括生命科学、生物医药、绿色环保等。香港在生命科学、生物医药等领域具有优势，深圳、广州、东莞在电子信息的开发、电子软件硬件的开发和应用方面实力强劲。开展生命科学研究需要互联网和数字化的基础，这就产生了相互联动的需求。

第三，创新活动最重要的是金融支持，香港以间接融资为主，深圳金融的优势在直接融资，包括风险投资、基金。香港和深圳的金融功能有所不同，在大湾区内两者互补，不能替代。广州近年来直接融资发展也非常快，增长率排在前列。加上广州高校科研院所较多，这必将释放更大的创新活力。

第四，打造国际科技创新中心，需要在人才的规模、大学的储备等方面进行有效协调，这就涉及到平台型研发品牌的建立，需要创新能力强的中心城市之间相互联动。

第五，大湾区在科研成果转化方面的空间比较大，需要在产业基础和市场机制两方面进行配套。《规划纲要》提出“开展知识产权证券化试点”，这就是指将自己手中的知识产权以证券化的方式进行融资，为企业尤其是高科技创新型中小企业缓解资金不足提供了一种非常现实的选择和出路——通过证券化，推动知识产权有效转化。

中心城市离不开腹地支撑

南方日报：《规划纲要》提出，优化提升中心城市。以香港、澳门、广州、深圳四大中心城市作为区域发展的核心引擎，继续发挥比较优势做优做强，增强对周边区域发展的辐射带动作用。在打造国际一流湾区和世界级城市群的过程中，四大中心城市的作用应当如何更好发挥？

王珺：要成为世界级城市群至少有三个条件：第一，要有中心城市，这是城市群的核心，中心城市可以集聚创新资源，发挥引领和辐射作用。第二，中心城市要有腹地，比如说，伦敦湾也是个湾区，但国际四大湾区中没有伦敦湾，研究发现，伦敦作为中心城市，腹地有限，很难支撑其成为世界级湾区。而对比纽约，上下连着波士顿和华盛顿，它的腹地很广阔。可见，腹地是支撑一个大城市和城市群最基本的条件，没有足够大的腹地就不能产生很强的城市，就不能产生世界级城市群。第三，要与世界、特别是世界中心城市保持着紧密的联系，包括信息、资本、人员、技术、创新等方面。

由于大城市就业机会多，收入高，大家都流向大城市，这导致大城市单位土地承载量上升，进而土地成本提高，一些用地较多的部门与行业只能向外转移。转不出去，就没有空间发展收益更高的产业。港澳地区要持续高质量发展，必须要推进产业升级。要做到这一点，必须要打通其与内地的联系，使收益比较低的行业部门转移到土地相对便宜的地区，从而腾出空间来发展更高层次的产业。

大城市要聚集高端资源，需要平台、资金和必要的空间，这是发挥大城市聚集功能所不可缺少的。随着聚集的增强，向周边地区扩散就不可避免。这种扩散就是对周边地区的辐射与带动。这两种功能是有逻辑顺序的。有了聚集，才有扩散。有扩散，而没有聚集，大城市会被掏空。只有聚集，而没有扩散，聚集最终因空间所限而受到约束。所以既要吸收创新资源，又要保持与周边地区联动，这是大城市的生命力所在。孤立的发展是行不通的。

《规划纲要》提出建设重要节点城市。增强发展的协调性，强化与中心城市的互动合作，带动周边特色城镇发展，共同提升城市群发展质量。此外，发展特色城镇和促进城乡融合发展也是建设城市群的重要有机组成部分。这些都是基于大城市之间、大城市与节点城市之间、大城市与卫星城市之间以及城市与乡村之间互动而展开的。

南方日报：四大中心城市的定位比较清晰，应该怎样促进它们之间的互动和合作？

王珺：过去产业链合作以垂直分工为主，比如上游、下游。现在发生了很大变化，从全球来看，水平分工的数量超过了垂直分工。比如美国、德国、日本都生产汽车，但是汽车类型有所区别，各有各的市场定位，相互在技术层面进行合作。当前，水平分工在创新活动当中的比重会越来越大，香港、澳门、广州、深圳之间的合作主要是以水平分工为特征。

创新最大的问题是不确定性，这就需要大家一起来试验探索。现在技术进步很快，产业链条和环节越来越细分，单个企业或组织很难独自应对，必须要和外部紧密合作。由于是水平分工，互补性增强，因而这种合作会密切大家的关系。当然，这种合作必须要有产权保障、制度保障。

粤东粤西粤北要提升产业配套能力

南方日报：广东提出要构建“一核一带一区”区域发展新格局，该如何与粤港澳大湾区结合起来？

王珺：“一核一带一区”和粤港澳大湾区有共同组成部分——珠三角九市，这是广东的“一核”，也是大湾区的重要组成部分。区域发展有两个层次值得关注：一是大湾区中心城市产业通过创新合作向高端发展，二是粤东粤西粤北主动对接，接受大湾区特别是中心城市的辐射带动。

从产业方面来看，“一核一带一区”发展格局要加快构建，首先来看这“一带”怎么和“一核”合作，关键是要把握珠三角或者粤港澳大湾区重点布局的产业是哪些，下一步甚至再下一步会转移的产业是哪些。同一个企业，究竟往粤东还是往粤西转移，在距离相同和营商环境也相同的条件下，就看哪个地方基础设施、产业基础比较好，能够便利转移，并和它的业务相配套。

珠三角有非常强的吸引力，产业体系不仅完备，且形成了扎根的特点，把大企业牢牢地“吸”在这里。粤东粤西粤北发展什么样的产业，关键要提前预判核心区域将会转移出哪些产业，提前布局，提升对目标产业的配套基础和服务能力。

产业转移本身是一种市场行为，我们要坚持规律，按照规律来办事。这种转移的过程是一个梯度的、渐进的过程，需要服从梯度发展的规律。

北部生态发展区定位为生态优先、绿色崛起，要优先发展绿色节能环保产业，要和绿色产品的开发、低碳生活方式的开发结合起来。沿海经济带要和海洋经济连在一起研究，和绿色发展结合起来。粤东粤西粤北各有各的优势，都有很大的空间。

广东省委党校教授陈鸿宇：
“三大支柱”撑起世界级产业集群

“世界上的一流湾区，无论是纽约湾区、旧金山湾区，还是东京湾区，都拥有世界级的濒海产业集群。”广东省委党校教授陈鸿宇在接受南方报业全媒体记者专访时表示。

■陈鸿宇（戴嘉信摄）

《粤港澳大湾区发展规划纲要》（以下简称《规划纲要》）提出，要构建具有国际竞争力的现代产业体系，培育若干世界级产业集群，重点提到先进制造业、战略性新兴产业、现代服务业、以及海洋经济。

在陈鸿宇看来，对于粤港澳大湾区而言，构建具有国际竞争力的现代产业体系，培育世界级产业集群，需要夯实科技支撑、金融支撑、实体经济三大支柱；粤港澳三地政府要加强统筹协调和顶层设计，为产业协同发展创造好的制度环境、创新环境、生态环境和人居环境。

【产业为基】推动大湾区产业协同发展

记者：《规划纲要》提出，构建具有国际竞争力的现代产业体系，培育若干世界级产业集群，请问您如何看待《规划纲要》对粤港澳大湾区产业发展的规划和定位？

陈鸿宇：世界上的一流湾区，无论是纽约湾区、旧金山湾区，还是东京湾区，都拥有世界级的濒海产业集群。同时有共同的发展规律，第一是交通先行，因为要集聚要素、形成放大效应必须有立体的交通枢纽做支撑；第二是环境先行，包括制度环境、人居环境、生态环境，让投资者、就业者更好地发挥效能。这两个“先行”的指向是“产业为基”。

“产业为基”需要三大支柱，一是创新驱动，即科技支撑；二是金融体系支撑；三是实体经济发展。国际上的一流湾区，尽管各有特色，但都少不了这三根支柱，比如旧金山湾区有硅谷，纽约湾区有众多名牌大学，曼哈顿有“硅街”，东京湾区有筑波科学城，都具有强大的科技支撑能力。在金融体系支撑方面，不仅纽约湾区有华尔街，东京的金融业也非常强大，旧金山湾区则以创投金融闻名。而实体经济，三大世界级湾区自身及其周边都有众多创新型科技企业和世界一流企业。因此，这三大支柱也是建设粤港澳大湾区具有国际竞争力的现代产业体系所必不可少的。

《规划纲要》提出，培育若干世界级产业集群，并提出一系列非常具有远见且可操作性的指导意见。夯实三大支柱，推动粤港澳大湾区产业协同发展，构建具有国际竞争力的现代产业体系。

【区域协同】加强粤港澳三地顶层设计与统筹协调

记者：《规划纲要》提出，发挥香港、澳门、广州、深圳创新研发能力强、运营总部密集，以及珠海、佛山、惠州、东莞、中山、江门、肇庆等地产业链齐全的优势，加强大湾区产业对接，提高协作发展水平。如何更好发挥湾区各城市产业优势，更好实现产业对接与协作？

陈鸿宇：《规划纲要》对建立现代化产业体系的任务，在归纳、梳理问题后把目标分解到各方面、各层次的具体工作上，包括现代产业体系的空间格局、空间发展目标的分解，涉及两个层面：

第一，《规划纲要》突出了四个核心城市共性和差异，指导他们在协同发展大湾区的现代产业体系的共同目标下，各自要发挥什么作用，如何承担起各自的担当。

在共性方面，四个核心城市都具有一定的创新研发能力，且市场网络、物流、金融支持、现代服务业等配套水平较高，有条件有能力承担起通过创新研发、总部集聚、服务保障，进而推进粤港澳大湾区整体产业发展和调整的任务。所谓核心城市不是什么都要承担，像制造业、高新技术产业要立足大湾区的七个节点城市的优势，带动周边地区发展。

四个核心城市的差异方面，首先是对香港的创新能力给予高度肯定，尤其是基础研究方面，在吸收国际性创新团队、人才、资源方面，在瞄准国际高端研发方面，香港有独特优势。香港国际金融中心的地位，也可以为大湾区科技金融的发展，特别是风投和创投提供非常好的条件；而澳门在科技创新方面具备跟葡语系国家合作的潜力；深圳作为创新创意之都，要努力发挥带动作用；广州有很雄厚的研发创新基础，下一步重点是如何使广州的产业通过创新驱动更有活力。这些《规划纲要》都分别作出了说明。四个核心城市不仅是相应城市集群的中心，更应该是发展现代产业的中心。

第二，对七个节点城市的产业定位也特别详细，指导它们如何根据自身特点发挥作用。七个节点城市的共性是产业链较齐全。差异性上，《规划纲要》对各地都有各自的具体任务，针对性很强。

产业规划不同于交通规划或基础设施规划，政府难以直接发力。区域产业规划要考虑多方面因素，对较大范围的产业做规划，困难的是如何落地，用什么手段推进落实。产业规划要尊重市场规律，粤港澳三地政府要按着产业规划的要求，顶层设计，统筹兼顾，出台为产业发展创造好的制度环境、创新环境、生态环境、人居环境的实施计划，并加以落实。

【服务支撑】发挥港澳连接国际独特优势

记者：《规划纲要》提出，发挥香港在金融领域的引领带动作用，巩固和提升香港国际金融中心地位，打造服务“一带一路”建设的投融资平台。支持澳门打造中国—葡语国家金融服务平台。对于粤港澳大湾区来说，如何更好借助香港、澳门现代服务业，尤其是金融服务业的优势，来推动产业升级发展？

陈鸿宇：加快发展现代服务业，首先涉及金融问题，在《规划纲要》中金融问题占的篇幅非常长，提到多个方面，包括发挥香港在金融领域的引领带动作用，巩固和提升香港国际金融中心的地位。

总体来说，首先，《规划纲要》中的粤港澳大湾区现代服务业发展这一节，非常强调跨境的金融合作；其次，要创造更多的跨境交易，从品种上、工具上、渠道上都支持和鼓励探索。《规划纲要》在跨境金融合作方面的内容有许多新亮点，关键是要逐条迅速落实，步子可以更大一点，思想可以解放一点。港澳本身比较适应跨境合作，内地要尽快完善对接国际金融规则的机制。另一个大家比较期待的是，进一步鼓励港澳的银行、保险、基金机构来内地开展人民币业务。

香港、澳门是金融、营商环境、市场一体化的示范平台，要建设现代化产业体系，除了金融方面要跟香港深度合作之外，构筑现代化服务体系、运用国际营商规则，发展现代物流、国际航运航空等方面，还要对标“示范平台”推进珠三角九市的现代服务业发展。一方面要通过港澳平台对接国际市场和国际标准，另一方面则倒逼珠三角九市进行相关体制机制改革，让现代服务业体系真正服务于实体经济。